CHEN SHAOKUAN

陈绍宽图史

刘传标　刘　毅　编著

海峡出版发行集团
THE STRAITS PUBLISHING & DISTRIBUTING GROUP
福建人民出版社

图史 陈绍宽

目录

前　　言

1866年清政府在福建马尾创办船政学堂，在国弱民困的年代，尝试引进英国现代海军教育训练体系，近代中国海军由此诞生。随着船政学堂毕业生先后至天津、烟台、南京、广州等地创办海军学校，船政学堂的教育训练体系也随之移植到天津北洋水师学堂、烟台水师学堂、江南水师学堂、黄埔水师学堂。至1945年抗战胜利，蒋介石集团另起炉灶，改为效仿美式海军军官学校为止，80年间，上述五校秉承“船政之兴衰在于人才的培养”、“学堂以德育为贵”、“品必先于学”之宗旨，共培养出2600多位船政海校生。中法马江海战、中日甲午战争期间的中方舰长，抗战时期中国海军的舰艇长、炮台台长、布雷队长，举凡需要蹈死赴难的指挥岗位，皆有船政学子。

近代海军是中国近代第一批视野开阔、掌握近代科技知识的新型武装力量，在民族存亡的危难时刻经略海洋。在捍卫国家领土，抵御外敌入侵中，著名海军将领陈英、刘步蟾、林泰曾、萨师俊等大批英烈，在中法马江海战、中日甲午战争、辛亥革命、抗日战争时期“血荐轩辕”、“我死则国生”的壮举与担当，为争取中华民族和国家的独立做出了不朽的贡献。近代中国海军秉持“自强不息、奋发图强”的精神，为建设近代中国海防、捍卫祖国海疆主权而不屈不挠地奋斗，对近代中国社会产生了极其重大的影响。他们是鸦片战争后百余年来中华民族变革图强的一个重要缩影，陈绍宽便是其中一位代表性人物。

编写《陈绍宽图史》，再现近代中国海军成长的艰辛历程和一代船政学子为中华民族变革图强而不屈不挠的奋斗历程，对于我们今天建设海洋强国，拓展“新海上丝绸之路”，弘扬中华民族灿烂悠久的海洋文化，树立现代海洋国土观、现代海洋经济观和现代海洋防御观，增强海洋、海权和海防观念，具有重要的现实意义。

船政门下领军人

陈绍宽（1889—1969），字厚甫，福建省闽侯县（今属福州市仓山区）胪雷村人。生于清光绪十五年九月十四日（1889年10月8日）。其父陈兆雄，又名陈伊黎，原以箍匠为生，后服务于晚清海军，由水兵升至二管轮。童年时代的陈绍宽，为生活所迫，在家务农放牛。光绪二十四年入私塾读书，光绪二十九年入福州格致书院学习，光绪三十一年考入江南水师学堂第六届驾驶班。平日以勤学见称，成绩优异。

光绪三十四年（1908年）冬，陈绍宽毕业，被派往“通济”舰见习。

宣统元年（1909年），进京部试，名列一等，授为协军校（相当于少尉）。

同年，陈绍宽在故居与同乡潘墩村人潘樨慰（一说潘璧玉）成婚。

宣统三年（1911年），陈绍宽充任“联鲸”炮舰驾驶二副兼教习，升海军副军校（相当于海军中尉），后改授职五品衔把总，任驾驶大副。武昌起义爆发后，随“联鲸”炮舰在镇江易帜起义。

1912年1月1日，中华民国南京临时政府成立。3月，北京政府成立，陈绍宽调任北洋政府海军“镜清”练习舰粮饷大副兼驾驶大副，授海军上尉。因奔母丧回家，乘“镜清”舰由上海回福州，舰长嘱托陈绍宽督带。到福州后，他奔丧心切，不等领航员到来，亲自驾舰，安全驶抵马尾港。一个23岁的上尉军官初次率舰进港，竟不用领航，此举轰动当年的海军界。

1913年初，陈绍宽调任“江亨”舰副长，2月25日授海军上尉军衔。6月调任“肇和”舰驾驶大副，9月调任“应瑞”舰航海正，11月充任“湖鹏”鱼雷艇艇长。11月12日调任海军总司令处副官。

1914年5月26日，海军总司令处改为海军总司令部，陈绍宽仍任副官，升海军少校。

1915年12月5日，南方革命党人陈其美、杨虎等利用海军总司令李鼎新宴请萨镇冰及“肇和”舰长黄鸣球之机，于下午3时，由杨虎率30余名革命党人分乘两艘火轮舢板靠近“肇和”舰，由“肇和”舰枪炮大副王楫、陈可钧接应登舰。革命党人里应外合，武力占领舱面，将舰上人员均封锁在甲板下，夺取驻泊在高昌庙的“肇和”军舰。是日适逢星期日例假，李鼎新以下官员均不在司令部，独少校副官陈绍宽在“应瑞”舰当值，闻讯即奔旗台，以旗语传令在港的“海琛”、“应瑞”两舰用机关炮向“肇和”舰甲板发起猛烈射击，并令舢板出军。由于“肇和”舰上的革命党人大多没有舰炮操作经验，根本无力还手，最终不支，被迫弃舰而去。夺回“肇和”舰后，北洋海军部长刘冠雄以总司令李鼎新、练习舰队司令徐振鹏疏忽失职，分别加以处分，“肇和”舰长黄鸣球被革职监禁，陈绍宽因指挥得当，夺舰有功，12月15日破格由少校副官擢升“肇和”舰上校代理舰长。

1916年1月1日，陈绍宽获“三等文虎章”。其间，一度代“海容”巡洋舰舰长。11月12日，海军总长程璧光派陈绍宽赴欧考察。12月9日，陈绍宽获“四等嘉禾章”。

1917年1月11日，陈绍宽先赴日本，参观考察日本海军各重要机关。1月27日从日本转赴美国。2月18日到达华盛顿，2月21日起赴美国各地考察美国海军及军事设施。

5月1日陈绍宽东渡大西洋，5月12日抵英国伦敦。6月5日，陈绍宽访谒英国外务部暨海军部，英外务部指派一名海军上校陪同陈氏参观各处军港、军舰及厂校营栈，至7月上旬返回伦敦。陈绍宽又以个人名义托友人介绍参观飞机工厂。10月19日陈绍宽赴各地参观，至11月17日结束。陈绍宽又奉海军总长刘冠雄指示：“继行调查，并于飞机、潜艇两项详加考察。”遂请驻英公使代为设法“谋充英海军前敌，随同出战，藉增识见”。之后，陈绍宽以驻英大使馆武官身份，随英国海军上将司令齐立克在旗舰参加与德国海军的战斗。期间他坚守岗位，履行职责，得到英国海军当局的赏识。

1918年1月7日，陈绍宽获“三等嘉禾章”。2月间由英赴法参观海军战备，另考察意大利海军，4月30日返回伦敦。5月2日到英国海军潜艇队考察潜艇根据地设备，并随潜艇出海操演巡弋。7月5日返回伦敦，7月16日入英海军战斗大队。

8月8日，陈绍宽被北京政府授予海军中校军衔。8月22日任北京政府驻英公使馆海军正武官兼海军留学生监督。10月18日获“三等嘉禾章”。

1919年2月24日，北京政府派遣萨镇冰为巴黎和会海军代表，并派驻英海军正武官陈绍宽为巴黎和会海军委员。6月24日，陈绍宽作为中国海军代表出席在伦敦举行的万国海路会议，经陈绍宽与英国商洽，英政府允将所没收之德国潜艇拨给中国。

10月，陈绍宽奉命回国。

陈绍宽在出洋考察、参战、外交的三年多时间里，写下九份考察报告：

第一份是《报告调查日本海军及各重要机关详细情形》（1917年3月）。陈绍宽在这份报告中，除介绍日本海军的发展情况外，还和他一年前在美国考察所见做一比较，特别留意欧战爆发后对日本海军建军方向的影响，同时也在各节提出他个人对改善中国海军的建议。

第二份是《英国航空战备》（1917年8月）。他在报告中介绍了三种英国新型海军航空飞机发展的情况，强调海军航空部队之重要性。海军总长刘冠雄读完此份报告后，甚为赞赏。该份报告后交由海军印刷所印成《赴欧调查海军航空战备报告书》，分送各级机构参考。

第三份是《英国海军作战计划》（1917年8月）。这是陈绍宽对英国海军作战计划之调查，提醒中国海军当局要注意飞潜人才的培训。

第四份是《参观各处情形报告》（1917年8月）。主要是参观波次摩斯军港、水雷厂、海军航空学校、要港之设防、战斗巡洋舰之情况，并跟美国、日本现况逐一比较，另外建议参加欧战的中国最好派舰巡弋，以展国威。

第五份是《航空报告》（1918年1月），共10章，介绍英国航空和海军部有关的发展情况。在给总长的呈文中，特别提及德国新发展出来的可潜巡洋舰（submersible cruiser）。该报告亦由海军印刷所印发参考。

第六份是《潜水艇报告》（1918年11月），共10章，附录“英国潜水艇舰配表”。

第七份是《报告英国最近之海军政策》（1919年）。分析战时与战后英国舰队之编组情形及在世界各地之任务。

第八份是《英国海军舰艇船坞报告书》（1919年）。在呈文中，陈绍宽还指出战后列强并无缩小军备之计划。海军总长批示“亟应印出多部，分送各部院各省及本属”。

第九份是《报告英美日各国扩张军舰并条陈我国海军规划》（1919年12月）。为陈绍宽给新任海军总长萨镇冰的呈文，除分析大战结束前英美日三国更加扩张海军，亦沉痛指出中国海军已落后甚多，期望新任之海军总长能大力建设中国海军。

担任驻英武官期间，陈绍宽还撰有《战时琐闻》，以战事之记载方式，呈报国内。这些都为当时的中国海军开启了一扇观察外军的世界之窗，同时也为他本人后来的治军提供了良鉴。

10月25日，陈绍宽充任“通济”练习舰舰长。

1920年1月1日，陈绍宽获“五等嘉禾章”，晋授海军上校。1922年7月8日，陈绍宽因第一次直奉战争中有功，被任命为代理海军总司令公署参谋长。11月，陈绍宽获得英国女王颁发的欧战“特别劳绩勋章”。

1923年1月19日，陈绍宽调署“应瑞”舰长，1月30日被授予海军上校军衔。

6月3日，北京政府大总统黎元洪正式批复任命陈绍宽为“应瑞”舰长，7月30日授海军上校。

8月，直、皖军阀争夺闽厦地盘，北京政府海军总司令杨树庄率“应瑞”、“海容”等舰攻打厦门。厦门港内的磐石炮台和胡里山炮台都装有12英寸口径的火炮，而“应瑞”、“海容”两舰火炮口径都仅6英寸。陈绍宽督带“应瑞”舰冒着来自嵩屿、胡里山、磐石三面的猛烈炮火，奋勇冲击。由于陆战队登陆失败，此次攻打无功而退。但陈绍宽在此役中的英勇表现传扬一时。10月10日北京政府大总统曹锟明令授予陈绍宽“二等文虎章”。

12月18日，在广东参加护法的舰队司令温树德被北洋军阀吴佩孚收买，率领“海圻”、“海琛”、“肇和”、“楚豫”、“永翔”、“同安”、“豫章”等7舰自汕头开往青岛。12月27日，陈绍宽在汕头附近洋面截住随温树德北上的“豫章”炮舰。

1924年2月1日，陈绍宽因在汕头收回“豫章”舰而获嘉奖。2月8日，出任海军总司令公署参谋长。

5月5日，陈绍宽被授予海军少将。

1925年2月11日，陈绍宽任“应瑞”巡洋舰舰长。

1926年7月，国民革命军分三路开始北伐。

9月18日，陈绍宽升任第二舰队司令之职。12月10日，驻泊福州马尾等地的海军第一舰队在陈季良司令的率领下，首先宣布易帜归附国民革命军。

1927年3月14日，海军总司令杨树庄正式宣布与革命军合作，通电率领第一、第二舰队和练习舰队所属44艘舰艇易帜，加入国民革命军。在吴淞口成立国民革命军海军总司令部，杨树庄任总司令。

3月28日，面对安庆至吴淞绵亘数百里的江面，国民革命军海军决定划区防守，封锁江面。吴淞至江阴为第一区，由陈季良率“海容”、“海筹”、“应瑞”、“列”字等舰艇防守；江阴至镇江为第二区，由陈绍宽率“楚有”、“楚同”、“通济”、“甘泉”、“利通”等舰艇防守；镇江至南京为第三区，由杨庆贞率“楚谦”、“联鲸”、“张”字等舰艇防守；南京至芜湖为第四区，由陈训泳率“永绩”等舰防守。各区舰队均联合陆上北伐军，收复南京、镇江等地。

4月10日，陈绍宽督率第二舰队截击由泰兴潜渡过江的孙传芳部两个团，并将其全部歼灭。

5月13日，孙传芳部队集合2万余人企图在通州渡江，陈绍宽率领第二舰队在江面严加戒备，孙传芳部慑于舰炮威力而未敢偷渡。

7月6日，陈绍宽被南京国民政府特任为军事委员会委员。7月25日，孙传芳军队偷袭南京。26日，陈绍宽率领第二舰队参加龙潭战役。7月31日，何应钦、白崇禧等督率各军扫荡龙潭附近孙传芳军，陈绍宽率领第二舰队复于江上截击，取得大捷。

8月27日，孙传芳部渡江反扑，先后攻占栖霞山、龙潭。陈绍宽率领第二舰队在龙潭、栖霞山间沿江防守，配合北伐军力捣孙部阵地，并派舰截断其归路。在大河口歼灭南渡之孙传芳残部2万余人，俘虏万余人。

9月，陈绍宽因助战有功获得国民政府传令嘉奖。

1928年2月11日，陈绍宽被南京国民政府简派为“湘鄂临时政务委员会”委员。7月11日，陈绍宽到北平汤山参加讨论“整理军事方案”。12日，陈绍宽代表海军呈请设立海军部，统筹进行海军建设计划。但蒋介石集团仅同意在行政院军政部之下设海军署。

7月25日，南京国民政府明令特派陈绍宽为禁烟委员会委员，负责在海军中开展禁烟运动。

11月27日，陈绍宽晋升中将。陈绍宽与海军总司令杨树庄等再次联名请求设立海军部，遭到蒋介石的拒绝。陈绍宽和第一舰队司令陈季良等向军事委员会辞职，迫使蒋介石于12月1日在国民政府行政院军政部之下设立海军署。

12月5日，陈绍宽兼任国民政府军政部海军署署长。

1929年1月1日，国民政府在南京召开编遣会议，海军总司令杨树庄及第一舰队司令陈季良、第二舰队司令陈绍宽等作为编遣会议海军代表。

1月22日，编遣会议第五次大会决议海军总司令部撤销，成立海军编遣办事处，原第一、第二舰队番号不变，东北海军舰队改为第三舰队，广东海军各舰队改为第四舰队。陈绍宽联合陈季良呈请“各舰队统一调遣”、“暂缓裁撤海军总司令部”、“设海军专部”三案。“三案”未获国民政府军政部采纳，陈绍宽和陈季良联袂提出辞职，离开南京到上海。1月27日，蒋介石亲赴上海慰留陈绍宽和陈季良，声称“15年内，海军总吨位将扩充为60万吨”，陈绍宽、陈季良遂接受慰留。

2月22日，国民政府明令国民革命军总司令部、各集团军总司令部、海军总司令部限3月15日一律撤销，同时成立各编遣办事处。2月27日，海军编遣委员会成立，陈绍宽任委员。

3月16日，海军总司令部撤销，改设海军编遣办事处，负责全国海军的编遣工作。杨树庄为主任委员，称病未到任，由陈季良代理。编遣办事处只负责编遣事宜，而无指挥权，各海军舰队的调动、军官任命等职权都丧失了。

3月，“蒋桂战争”爆发。3月28日，海军将领通电拥护国民党中央。3月29日，陈绍宽奉命率第二舰队“楚有”、“咸宁”护送蒋介石到九江，并协助蒋介石讨伐桂系。

3月30日，陈绍宽督率第二舰队占田家镇，4月4日协助陆军攻占刘家庙，4月5日攻下武汉，4月7日攻占岳州，4月13日由汉口急进，攻下郝穴，在英国军舰的帮助下攻占马家寨防线，继而攻破观音寺防线。

占领两湖后，陈绍宽被任命为湘鄂政务委员会委员和湖南省政府委员，并被授予“中流砥柱”大勋旗。为了进一步拉拢海军，4月12日蒋介石同意设立海军部，委任杨树庄为海军部长，陈绍宽为政务次长。

6月1日，海军部正式成立。杨树庄任海军部长兼福建省政府主席。因杨树庄滞留福建处理政务，海军部事务由陈绍宽代理。

1930年1月1日，陈绍宽获“二等宝鼎勋章”。3月28日，国民政府正式委任海军部政务次长陈绍宽兼第二舰队司令。

6月6日，陈绍宽率舰到汉口，即赴岳州布防，抵挡桂军进攻湖南。6月13日桂军自岳州南退，14日海军进入岳州。7月5日，陈绍宽由海军部代理部长返任政务次长。

10月16日，英国政府因陈绍宽在第一次世界大战中参战有功，特赠欧战纪念勋章一枚。12月31日，陈绍宽兼任海军江南造船所所长。

1931年1月1日，陈绍宽获“一等宝鼎勋章”。

12月30日，杨树庄辞去海军部部长之职，陈绍宽继任海军部部长。

1932年1月1日，陈绍宽被委任为军事委员会委员。1月16日，陈绍宽被授予“海陆空甲种一等奖章”。1月18日，陈绍宽被免去第二舰队司令之兼职。1月26日，被南京国民政府授予海军上将。

6月，陈绍宽提出“统一海军计划案”，指出“南北海军因与当地军政长官自相联络，饷糈不由政府发给，以致情形隔阂，未能听命于中央”。要求将东北和广东海军舰队收归海军部并统一海军教育机关，不过军事委员会并无进一步的行动。

陈绍宽因海军发展缺乏经费与统一全国海军的宏愿难申，于11月16日呈请辞职：“余因个人能力薄弱，海军责任綦重，于受命长海部以来，先后提出辞呈者凡五六次，今次辞职，当不外此动机。”11月30日行政院批示：“该部长悉心任事，劳怨不辞，毅力勤规，夙享懋绩，正赖弘才擘画，巩固国防，而请辞去本兼各职之处，应毋庸议。”

1934年7月10日，陈绍宽为提高海军军官素质，在马尾创办海军大学。陈绍宽兼任校长，海军马尾要港司令李世甲兼任教育长，聘请日本海军大佐寺冈谨平和海军法律顾问法学博士信夫淳平讲授军事和国际公法。林元铨等舰长认为，“日本侵华之心昭然若揭，请日人讲学，是与虎谋皮”。于是召集23位舰长，于11月23日联名向国民政府主席林森上请愿书，告陈绍宽私聘日本海军教授，要求解除日籍教官。林元铨等批评日造“宁海”巡洋舰“构造平常，物质又劣，全军骇异，舆论沸腾”，请求海军部取消江南造船所“聘雇日人神保敏男及工匠数十人仿宁海舰建造的平海舰”。陈绍宽因23位舰长的“控告”，于11月28日以“才疏力弱，难胜重任”，呈请辞去本兼各职，将海军部务交陈季良代理，离开南京到上海。11月30日，蒋介石指派孔祥熙“代劝其速回，并问其补救处置之道”。12月1日，陈绍宽电呈蒋介石：“绍宽猥蒙知遇，未报万一，讵以诚信未孚，致遭横流之变，有负信任，贻羞国人，追思咎戾，无任痛心，辞职待罪，实非得已。”

1935年3月6日，陈绍宽接受慰留，回南京海军部视事。5月17日，南京国民政府明令免去陈绍宽江南造船所所长之兼职。6月，海军体育促进会成立，陈绍宽兼会长。7月，陈绍宽兼任国防会议委员。8月1日福州海军艺术学校停办，福建省教育厅准将海军艺术学校改为私立勤工初级机械科职业学校，聘马尾造船所工务长（总工程师）萨本忻为校长。设校董会，以萨镇冰为名誉董事长，陈绍宽为董事长。

9月6日，陈绍宽被授予海军上将，叙为一级。11月22日，陈绍宽当选为国民党第五届中央执行委员。

12月12日，国民党中央政治会议通过行政院各部会长官人选，海军部长为陈绍宽。

1936年1月1日，陈绍宽获“二等云麾勋章”。7月9日，陈绍宽“翊赞国民革命有功”，南京国民政府颁给“国民革命军誓师10周年纪念勋章”。

7月13日，陈绍宽任国防会议委员。12月13日，国民党中央常务会议及政治会议决议加推陈绍宽等六人为军事委员会常务委员。

1937年3月20日，国民政府特派行政院副院长兼财政部长孔祥熙为英王乔治六世加冕典礼特使，海军部长陈绍宽为副使。3月26日，陈绍宽被授予“二等采玉勋章”。4月2日，孔祥熙、陈绍宽自上海启程赴英，4月30日抵达英国。5月12日，英王乔治六世举行加冕典礼。5月15日，陈绍宽代表国民政府和德国签订合同，向德国订造潜艇。后因德意日缔结轴心国同盟而被拒付。

7月7日，“七七事变”爆发，正在欧洲考察海军的陈绍宽闻讯立即回国主持海军部署。

当时中国海军实力单薄，无法向优势的日本海军进行主动出击。中国海军遵循战前军事委员会作战谋略，执行单纯防御战略，将长江舰艇集中于江阴附近，冀配合要塞阻遏敌舰深入，以拱卫南京。

陈绍宽下令破除长江航路的标志，并征集商轮以及民船、盐船及军舰等堵塞港道，在江阴布第一道封锁线。

8月7日，陈绍宽下令封锁江阴要塞，因封锁密令被泄露，日本侨民、军舰、商轮立即逃出江阴封锁线，致使海军封敌于长江的计划落空。8月11日，陈绍宽将现有的31艘军舰和征用的轮船，开往江阴水道构筑堵塞封锁线，并令江阴下游轰毁沿途水道航标。8月12日，陈绍宽抵达江阴后，下令将“海容”等8艘老式军舰在拆除舰炮后逐一沉入江底，同时将国营招商局和各轮船公司征集的20余艘轮船下沉于江阴，构筑江阴封锁线。此后，为加固封锁线，海军部还在沿江之江苏、浙江、安徽、湖北等地，征集民船，满载石子沉入封锁线空隙，并在江阴一段布设水雷。

随后，陈绍宽令海军部次长、第一舰队司令陈季良率领“平海”、“宁海”等主力舰负责守卫长江水上封锁线。

自9月22日起，日本机群对坚守江阴的中国海军舰艇进行轮番攻击。江阴海战是中国海军主力同日本海军航空兵之间展开的一场以空袭和反空袭为主的殊死拼杀。战斗的结果是击落日机20架，而中国海军舰队主力则损失殆尽。

南京沦陷后，陈绍宽又组织海军在马当构筑第二道阻塞线，以保卫武汉。此时，已无军舰和商船可资阻塞，只在江流湍急的马当用“投石填江”的办法垒成一个个石塔，并施放水雷，添设武汉区炮队，安装拆下的舰炮，以黄陵矾白浒山为阵地，阻碍敌舰前进。

1938年1月1日，国民政府行政院改组，海军部被裁撤并入军政部，陈绍宽任军政部海军署署长。1月15日，陈绍宽任军事委员会委员、海军总司令。海军总司令部迁往汉口。

日本侵略军迂回前进，迫近马当，要塞司令传令毁除炮件退却，第二道阻塞线拆除。敌攫取九江后，又窥伺田家镇，陈绍宽决定利用长江水流下趋之势，布放漂流水雷向敌舰展开游击战，并亲自到葛店督战。

6月底马当要塞失守，8月军委会无视事实下令追查海军“失守”的罪责，陈绍宽看了军委会命令后大为激愤，亲自拟强硬措辞复函驳回。

10月25日，武汉失守后，抗战进入了最艰难的阶段。中国海军官兵只能在陆地上抗战。

1939年1月，海军总司令部撤至重庆。2月，陈绍宽任国防最高委员会委员。

1940年5月，海军战舰参加了枣宜会战，中国海军力量几近殆尽。8月，海军残存的舰艇相继多被炸沉，幸存的军舰在缺乏制空权的保护下，也大都失去作战能力，国内遂有“废海军，建空军”的议论，海军总司令部乃再度反击此言论。

12月28日，陈绍宽被国民政府军事委员会授予“光华甲种一等奖章”。

1941年11月17日，陈绍宽在重庆参加国民参政会第二届第二次大会。9月以后，中央海军仅存舰艇15艘。

1942年2月8日，英海军部宣布将被困重庆水域的军舰三艘赠予中国，更名为“英德”、“英山”、“英豪”。3月，美国赠送炮舰一艘，命名“美原”。

日军的空中肆虐让陈绍宽看到了航空母舰的作用。1943年11月，陈绍宽代表海军再次提出海军建设的规划。在这次规划中，陈绍宽设想将中国沿海划为四个海军区：第一区从辽宁安东到山东半岛成山头，第二区从成山头到长江口，第三区从长江口到广东汕头，第四区从汕头到中越交界。每个区成立一支海防舰队，拥有5艘航母，全国沿海共需要20艘航母，每艘航母造价18亿元。这个规划令包括蒋介石在内的许多人瞠目结舌。陈绍宽却说：“这笔钱国家是省不得的。”

1944年9月，国民政府海军总司令部接收法国赠送的被困重庆水域的炮舰一艘，命名为“法库”。

1945年2月，军政部长陈诚向蒋介石建议裁减海军总部人员，经陈绍宽力争，始中止此议。

4月25日，陈绍宽奉命随宋子文赴美国纽约参加联合国制宪会议，任中国代表团海军顾问。5月19日当选为国民党第六届中央执行委员。

陈绍宽制定了《海军分防计划》，将原航母的建造计划从20艘减为12艘，期限为30年。第一个十年计划先造1万吨和8000吨航母各一艘，每吨造价6280美元。但计划没有获得蒋介石的准允。

8月15日，日本宣布无条件投降。陈绍宽日夜兼程自欧洲返国，准备海军受降事宜，并准备重建他领导了十多年的中国海军。

蒋介石、陈诚为了架空海军总司令陈绍宽的职权，于9月1日在军政部下新设海军处，任命军政部长陈诚兼任处长，调原驻英海军训练处长周宪章上校为副处长。海军处下设一个办公室和人事、训练、军务、供应等四组，掌管海军的行政、教育、训练、建造等事项，分割架空了海军总司令陈绍宽和他的总司令部的权力。

9月9日，陈绍宽与何应钦等人在南京接受日军代表冈村宁次的投降。9月16日，海军总司令部接收上海日本海军设施。10月10日，陈绍宽被授予“抗战胜利勋章”。

斯时，解放军部队从山东半岛渡向辽东半岛，蒋介石集团为抢占胜利果实，指令陈绍宽率领“长治”等舰前往堵截。陈绍宽面对战后破碎的山河，对蒋介石准备内战的架势极为不满，率“长治”军舰前往台湾考察。

11月7日，蒋介石再次指令海军总司令部迅即编组小型舰队担任北巡任务，以求能截断胶州半岛、辽东半岛间中共军队的海上运输。陈绍宽则以战后舰艇多待整修，装备油料不足为由，拖延至12月23日才派第一舰队司令陈宏泰率“长治”、“永翔”、“永绩”、“靖安”、“瞰日”等舰艇五艘，开赴渤海湾执行北巡任务。

陈绍宽拒不执行蒋介石封锁渤海湾的命令，令蒋介石和军政部长陈诚极为愤怒。12月26日，蒋介石下令免去陈绍宽海军总司令职。12月31日海军总司令部被撤销，一切业务由军政部海军处接管，处长由陈诚兼任，舰队暂由陆军总司令部指挥。同日，陈绍宽与海军处副处长周宪章办完交接手续。

1946年1月31日，陈绍宽离开南京。2月5日回到福州，“蛰居胪雷乡，息交绝游，杜门谢客”。

1947年5月10日，陈绍宽被聘为总统府战略顾问委员会委员，但他从未就职履责。蒋介石派人给他送钱，他也拒不接受。

1949年7月，蒋介石妄图裹胁陈绍宽去台湾，陈绍宽拒不赴台。

8月17日福州解放，陈绍宽与萨镇冰立即通电拥护中国共产党领导的新政权。时任中共福建省委书记、省人民政府主席的张鼎丞两次亲赴胪雷，拜访陈绍宽，诚恳请他出山，为革命工作。陈绍宽欣然表示愿意参加革命工作。尔后他来到福州，公开表态拥护中国共产党的领导并声明“此番出山，并非做官，而是为人民做事”。

1950年2月，陈绍宽任华东军政委员会委员，任至1954年。10月任福建省人民政府委员会副主席。

1951年10月，陈绍宽任政协全国委员会候补委员。

1952年，陈绍宽任福建沿海防卫司令员。

1953年1月，陈绍宽任华东行政委员会委员。

1954年8月，陈绍宽当选第一届全国人民代表大会代表，9月出席第一届全国人民代表大会第一次会议，被选为国防委员会委员。

1955年2月，经福建省首届人民代表大会第二次会议选举为副省长，分管文教。

1956年3月，陈绍宽当选为中国国民党革命委员会第三届中央委员会副主席，先后赴苏联、印尼和缅甸等国参观访问。4月7日，被增选为省政协副主席。

1958年12月，陈绍宽被选为中国国民党革命委员会第四届中央委员会副主席。

1959年2月，当选第二届全国人民代表大会代表、福建省副省长、政协第二届福建省委员会副主席。4月，出席第二届全国人民代表大会第一次会议，当选国防委员会委员。

1965年1月，陈绍宽在第三届全国人民代表大会第一次会议上当选为国防委员会委员。

1969年3月，陈绍宽被确诊患胃癌，住福建省立医院治疗。病重期间，周恩来总理十分关心，曾多次打电话嘱咐福建省立医院做好治疗抢救工作。7月30日陈绍宽逝世，终年81岁。逝后治丧从简，不举行追悼会，只举行了告别仪式。

1979年福建省政府为陈绍宽召开了追悼会，悼词中缅怀他在“解放战争后期，与我党建立了联系，为人民解放事业做出了贡献”，赞誉他“工作认真负责，谦虚谨慎，勤勤恳恳，作风正派，生活俭朴”的一生，推崇他是“一位受人们尊敬的爱国民主人士”。

投身海军

清道光二十年（1840年）英国军队凭借其坚船利炮发动了鸦片战争，中国闭关自守的大门自此打开，开始沦为半殖民地半封建社会。陈绍宽生于清末的一个水兵之家。风雨飘摇的晚清时代，在他出生前有中法马江海战，后有中日甲午海战，一前一后两场战争均以中国失败告终，民族灾难步步加深。少年陈绍宽从父辈处承袭了因海权丧失而深埋的国耻和奋起救国的从军之志，开始了从海校学子到海军统帅的跋涉之路。

一、水兵之子

陈绍宽，谱名必谨，字厚甫。清光绪十五年九月十四日（1889年10月8日）生于福建省闽侯县（今福州市仓山区）胪雷村一个水兵之家。父亲陈兆雄（又名伊黎，谱名世盘）晚清时与其弟陈兆汉到马尾投军，入船政后学堂练营当练勇，由水兵升至清季巡洋舰队“海圻”号中士管轮，在一次围剿海盗的战斗中与管带萨镇冰结谊。

陈绍宽幼时师从塾师陈依崧，课余荷锄挑水，帮忙打理农活。他幼年的书房兼卧室，是父亲向邻居陈世铺借用的。屋子简陋，墙上书有箴言：“读书志在知，为官心存君”、“天地间读书最好，家庭内孝悌为先”、“居家务宜质，待人要有义”。陈兆雄还按水师的规矩严格要求陈绍宽，在书房贴作息时间表，规定起床、学习、睡觉的时间；要求坐立有规矩，讲究礼貌。

光绪二十九年（1903年），经萨镇冰推荐，陈绍宽到福州教会办的格致

福州格致书院

书院就读。在福州格致书院读书期间，陈绍宽就立志从军，以雪甲申中法马江海战、甲午中日海战之耻。

清光绪三十一年（1905年），在萨镇冰推荐下，陈绍宽考入南京江南水师学堂[1]，自此开始其40年海军生涯。

青年时期的陈绍宽

江南水师学堂学生着校服照

江南水师学堂主桅旗杆攀登训练

1　清光绪十六年（1890年），江南水师学堂创立，“学堂的各项规章虽然是仿效天津水师学堂，但在招生方面却有其自己的特点，那就是要求更高，更严格。投考者除要考试中文外，还要加考英文、翻译、地理、算学，四门皆有可观者方能中选。因此，被录取的学生大多来自上海的中西书院、英文书院等西式学堂。他们考入水师学堂后无庸试习，即给赡银以示优待”，江南水师学堂的“教学质量在初期确实很高”。（海军司令部《近代中国海军》编辑部编著：《近代中国海军》，海潮出版社1994年版，第178、179页。）学堂曾培养出林建章（海军总长）、杜锡珪（海军总长）、陈绍宽（海军部长）、徐祖藩（吴淞商船专科学校代理校长）、黄显淇（海军学校代理校长）、林继荫（烟台海军学校校长）、沈继芳（南京海军鱼雷枪炮学校校长）、马德骥（江南造船厂厂长、海军机械学校教育长）等大批海军精英。

江南水师学堂训练照

江南水师学堂队列训练

光绪三十四年（1908年）冬，陈绍宽以优异的成绩毕业于江南水师学堂第六届驾驶班。

光绪三十四年（1908年），陈绍宽毕业后，被派往“通济”练习舰见习三年。在“通济”舰驻泊上海时，他曾去探望四叔陈兆汉[1]，由其带往高昌庙

1 陈兆汉系萨镇冰女婿。1901年，时任北洋水师帮统领兼“海圻”舰管带的萨镇冰出于赏识，将年满二十岁的女儿萨淑端许配给舰上的掌旗兵陈兆汉。后来陈兆汉在岳父的资助下进入上海圣约翰大学读书，毕业后在上海江海关任职，升至江海关帮办，成为上海的知名人士。

1908年“辰字”舰舰员合影，这时着装已是现代海军人形象

萨镇冰去世后，陈绍宽在故居会客厅长悬此照，以志缅怀

海军营房拜见当年引荐他投考江南水师学堂的萨镇冰。萨镇冰勉励陈绍宽：“当长官的要同士兵同甘共苦，打成一片，把士兵看作自己的兄弟，才能得到士兵的信任和爱戴，将来成为一个好将领。”陈绍宽牢记教诲，身体力行，晚年仍时常念及“律己以服人，身先以率人”。[1] 中国近代海军史上的两代领军人，在此背景下开始了深入接触。[2]

1　郑玉华：《陈绍宽一生》，福建教育出版社2001年版，第7—8页。

2　郑玉华说：“1952年4月，萨镇冰病重住院，陈绍宽每天都到医院探望，尊之如父，在病榻前只是站着不坐。10日晚，萨镇冰去世，陈绍宽连夜赶去守灵，足见情谊之深。”郑玉华：《陈绍宽一生》，福建教育出版社2001年版，第8页。

二、海路跋涉

宣统元年（1909年），清廷海军部建立，并召集海军学校新近毕业生进行甄别考试。陈绍宽奉令进京参加部试，名列一等，授为协军校（相当于少尉）。

同年，陈绍宽被父母以母亲病重为由骗回家，仓促成婚，所幸婚后两人感情甚笃。夫人潘樨慰（据陈绍宽晚年私人秘书潘守正手稿，一说为潘璧玉）时年19岁，系同乡潘墩村人，父为塾师，端庄秀丽，知书达理。新婚10多天后，陈绍宽即离家奔忙于军政外交事务。1913年，潘夫人于11月（农历十月半）返娘家过“太师诞”（民间节日，庆祝宋末民族英雄、莆田人陈文龙诞辰，福州城内称“尚书诞”），不料竟感染白喉，不久（农历十月二十八日）病逝。夫人突然去世，陈绍宽悲痛至极，决心不再续弦。1956年陈绍宽亲自将夫人灵柩移葬于故居“对面山”（当地称“前斗山”），以便在故居门口和卧室均可随时遥望。目前，陈绍宽骨灰与潘夫人合葬于此处。[1]

宣统三年（1911年），陈绍宽任“联鲸”炮舰驾驶二副兼教习，升海军副军校（相当于海军中尉），后改授职五品衔把总，任驾驶大副。10月10日武昌起义爆发后，陈绍宽随“联鲸”炮舰易帜起义。

11月初，在革命党人陈复和海军学校见习生杨廷纲、杨砥中、吴应辉、常光球、何翰澜、陈弘毅等10人策动下，驻泊南京下关的“镜清”、“保民”、“联鲸”、“建威”、“江元”、“江亨”、“楚观”、“楚同”、“楚泰”、“楚谦”、“通济”、“飞霆”、“张”字等13艘舰艇，由“楚观”舰管带吴振南带头，星夜驶往镇江起义。11月11日到达镇江后，由“镜

1　潘亮：《有关陈绍宽的部分文史资料辨析》。一说认为潘璧玉的父亲也曾在清末海军中担任过管轮，潘墩村和胪雷村同在南台岛，相隔只不过十几里，潘父与陈父既同舟又同乡，早就相识，因而促成了儿女的婚事。

清朝海军部海军大臣座舰“联鲸”炮舰，上海江南制造局1911年建造

清”舰管带宋文翙和“楚观”舰管带吴振南向镇江都督林述庆报到，选举吴振南为镇江都督府海军处处长，宋文翙为镇江都督府海军舰队司令。

随后，易帜起义各舰奉令协同革命军攻打南京。12月2日，南京光复，成为辛亥革命胜利的奠基之战。“联鲸”舰随后还前往阻截清兵溯江而上，支援湖北革命军。

1912年1月1日，中华民国临时政府在南京成立，下设海军部。1月3日，各省代表会议通过临时政府各部设置及孙中山提出的总长、次长名单。黄钟瑛任南京临时政府海军部总长，汤芗铭任次长。

2月13日，南北和谈，袁世凯通电赞成共和后，孙中山通电辞去中华民国临时大总统职，南京临时政府海军部也宣布裁撤。

4月1日，孙中山正式辞去临时大总统职务。在此前的3月10日，袁世凯已在北京就任临时大总统职，并组织第一届内阁。4月，海军部迁至北京，增设海军总司令处，任命刘冠雄为海军部总长，黄钟瑛为海军总司令，下设左、右两司令，分管长江和巡洋两舰队。此时，陈绍宽任“镜清”练习舰粮饷大副兼驾驶大副。

母亲去世后，陈绍宽乘“镜清”舰回榕奔丧。由于“镜清”舰已多年未抵福州港，且闽江口至马尾航道错综复杂，依照海军惯例，倘舰船三年没有进出某港口，则驶入此港时，可请引水员领航。但陈绍宽亲自驾驶舰船，安全驶抵马尾。一个上尉军官初次率舰进港，竟不请人领航，且安抵目的地，轰动了当年的海军界。海军不用领航员，自他开风气之先。

“镜清”号线图

“镜清”号练习巡洋舰，福州船政局所建第二十六号舰

马尾罗星塔前江面

当时的福州马尾港

“江亨”炮舰

1912年12月1日，海军左、右司令改为第一舰队司令、第二舰队司令，蓝建枢任第一舰队司令，徐振鹏任第二舰队司令。

1913年初，陈绍宽调任第二舰队“江亨”舰副舰长。2月25日，授海军上尉军衔。

1913年6月28日，陈绍宽调任“肇和”舰驾驶大副。

“肇和”号巡洋舰，1909年载洵和萨镇冰在欧洲考察海军期间代表清政府向英国阿姆斯特朗造船厂订制，1913年到华。1937年9月25日，在广东珠江地区抵抗入侵日军登陆作战中，与粤海舰队其他六艘军舰同被日本飞机炸沉

9月，陈绍宽调任“应瑞”舰航海正。

“应瑞”号巡洋舰，1909年载洵和萨镇冰向英国维克斯造船厂订造，1911年7月14日下水，12月2日完工。1913年4月抵达中国，时为中国海军最好的练习舰。后于1937年10月23日在安徽采石矶附近江面被入侵空袭的日本陆航轰炸机机群炸沉，战斗到最后一刻

11月，陈绍宽调任“湖鹏”鱼雷艇艇长，成为最年轻的艇长。

1911年11月在沪参加辛亥海军起义的“湖鹏”鱼雷艇

1913年11月12日，陈绍宽调任海军总司令处副官。

1914年5月26日，海军总司令处改为海军总司令部，总司令为李鼎新。陈绍宽任海军总司令部副官，升海军少校。

1915年8月，“筹安会”成立，袁世凯加紧帝制步伐。12月5日，当李鼎新及驻沪海军高级军官宴请来沪视察的萨镇冰时，陈其美、杨虎等革命党人联络“肇和”舰上的一些官兵，里应外合，夺取驻泊在高昌庙的“肇和”军舰，发动“肇和起义”。陈绍宽时在“应瑞”舰当值，闻讯即奔旗台，以旗语传令在港的“海琛”、“应瑞”两舰用机关炮向“肇和”舰甲板发起猛烈射击，并令舢板出军。由于“肇和”舰上的革命党人大多没有舰炮操作经验，根本无力还手，最终被迫弃舰而退。陈绍宽因制止革命党人夺取“肇和”舰、防止海军分裂有功，于12月15日破格由少校副官擢升“肇和”舰上校代理舰长。16岁入海校，20岁毕业授衔，26岁晋上校军衔，6年间，机遇与能力结合，使他屡屡立功，连晋五级。这种晋升若按年资排，一般需要20年以上。

陈绍宽接任“肇和”舰后即着手整顿舰上纪律。

1916年底，海军总长程璧光指令海军部派其所看重的“英隽之才”陈绍宽赴欧洲观战，顺便留英深造。他希望年轻的陈绍宽能从现代战争中汲取经验教训。

1916年12月24日，陈绍宽与郑礼庆踏上了辗转前往欧洲的旅程。1917年1月11日，陈绍宽抵达日本，并自1月14日起由东京出发，赴日本海军各重要机关参观考察。1月27日，陈绍宽离开日本转赴美国。

3月，陈绍宽完成《报告调查日本海军及各重要机关详细情形》。5月1日东渡大西洋，5月12日抵英国伦敦考察，8月完成《英国航空战备》、《英国海军作战计划》、《参观各处情形报告》。8月14日，中国北洋政府对德、奥宣战。之后，陈绍宽以驻英大使馆武官身份随英国海军上将司令齐立克在旗舰参加与德国海军的战斗。期间坚守岗位，履行职责，得到英国海军当局的佳评。

陈绍宽1916年在美国赠送给他所认识的一位舰长的照片，此时他的军衔还是少校。1916年初，陈绍宽曾被派赴美国学习

1918年1月，陈绍宽完成《航空报告》。2月，由英赴法参观海军战备，另考察意大利海军，4月30日返回伦敦。5月2日

第一次世界大战中的英德海战

入英国海军潜艇队，考察潜艇根据地设备，并随潜艇出海操演巡弋。7月5日返回伦敦，7月16日入英海军战斗大队。

1918年陈绍宽参加格罗林战役所摄

陈绍宽在出洋三年多的时间共写就九篇考察报告，成为指导中国海军发展的重要参考文献。在当时兼具专业性和使命感，持续深入地进行中外海军对比，从中找出中国海军的发展方向和亟待改进的短板的，唯陈绍宽一人。

三年多的历练，使陈绍宽对中国海军的发展有了前瞻性的战略认识，奠定了他将来掌舵中国海军的专业基础。

1919年2月24日，北京政府派遣萨镇冰为海军代表出席巴黎和会，陈绍宽出任巴黎和会中国代表团海军专门委员。6月，海军部派驻英海军武官陈绍宽兼任伦敦万国海路会议代表。会议期间，他目睹了英、美、法、日等列强假和平、真分赃的卑劣行径，切身感受到强权即公理、弱国无外交的世界政

“通济”练习舰，该舰为福州船政局建造的第三十四号兵船，原名“建靖”，1894年1月14日开工，1895年4月12日下水，辛亥革命时期参加海军镇江集体起义

"通济"练习舰见习生操练爬桅

"通济"练习舰操演舢板驶风

治现实，激发了一腔"海军强国梦"的抱负。

1919年10月25日，陈绍宽回国，就海军基地建设和海军教育向海军部报告，并提出相关建议。海军部委任他担任专门培养海军学校学生的"通济"练习舰舰长。陈绍宽时年仅30岁，经常率见习生出海训练，观察星象，换移船位，在大风大浪中练习操控技能。而他本人更是以身作则。有一次奉命率舰由厦门驶福州马尾修理，在当天八级风力下起航，行程中与风浪搏斗了三天三夜，他本人始终坚守驾驶台。

他经常向见习生宣示：“当海军就要忠于海军，尽毕生精力，为保卫国家、巩固海防服务。”他在教学中还十分注重培养见习生的国际视野，汲取国外海军的建设与作战经验。

1922年第一次直奉战争后，陈绍宽因功，被北京政府任命为代理海军总司令公署参谋长。

1923年1月19日，陈绍宽调署“应瑞”舰长，1月30日被授予海军上校军衔。6月3日，北京政府大总统黎元洪明令任命陈绍宽为“应瑞”舰长。“应瑞”舰在当时属国内最新最好的兵船之一，在他之前，海军名宿毛仲芳、杨树庄、陈训泳都先后在该舰担任过舰长。7月30日被实授海军上校。

此时厦门为皖系李厚基余党臧致平部所盘踞，北京政府海军总司令杨树庄决定攻打厦门，为海军建立基地。“应瑞”舰长陈绍宽协同“海容”舰长陈季良，率领第一舰队主力舰攻打厦门。厦门港内的磐石炮台和胡里山炮台

陈绍宽（居中）与第二舰队部分军官合影

都装有12英寸口径的火炮，而“应瑞”、“海容”两舰火炮口径仅为6英寸。

陈绍宽督带“应瑞”舰冒着来自嵩屿、胡里山、磐石三面的猛烈炮火，奋勇冲击。由于陆战队登陆失败，此次攻打无功而退。但陈绍宽在此役中的英勇表现传扬一时。10月10日北京政府大总统曹锟明令授予陈绍宽“二等文虎章”。

1923年12月18日，在广东参加护法的海军舰队司令温树德接受北洋军阀吴佩孚的条件，从汕头率领“海圻”、“海琛”、“肇和”、“楚豫”、“永翔”、“同安”、“豫章”等7舰离粤北上。“豫章”舰因机械故障掉队，留下舰长缪庆福等修理。

攻打厦门时的“应瑞”巡洋练习舰

陈绍宽在汕头收回“豫章”舰

1923年摄于上海俄国犹太人沈石蒂开设的照相馆。陈绍宽时任海军总司令公署参谋长、少将军衔。胸前佩戴的右起第一枚勋章为英国女王颁发的欧战“特别劳绩勋章”，第二枚是二等宝星勋章，领口所缀为三等嘉禾勋章，右下角是三等文虎勋章，皆为战功所积

“应瑞”练习舰练习生早晨点名

“应瑞”练习舰练习生晒铺盖被子

“应瑞”练习舰练习生早晨跑步

“应瑞”舰操炮训练

福州海军学校毕业生在“应瑞”练习舰实习期满与校长、舰长、教官合影

12月27日，“豫章”舰在汕头附近洋面被南巡的“应瑞”练习舰发现，舰长陈绍宽令其归队，“豫章”舰上官兵逃走上岸。

1924年1月9日，“应瑞”舰长陈绍宽奉命率舰到汕头接收“豫章”驱逐舰归队。1月24日，陈绍宽因收回“豫章”驱逐舰，获得嘉奖。

2月8日，陈绍宽调任海军总司令公署参谋长，5月5日被授予海军少将，时年35岁。

1925年2月6日，北洋政府内阁改组，原来支持直系的海军总司令杜锡珪被免职，由杨树庄继任海军总司令，李景曦任海军练习舰队司令，陈季良任第一舰队司令兼闽厦海军警备司令，许建廷任海军第二舰队司令。2月11日，陈绍宽任练习舰队“应瑞”巡洋舰舰长。

三、北伐立功

1926年6月，广州国民政府通过出师北伐案，并于7月1日发表《北伐宣言》。7月9日，国民革命军在广州东校场举行北伐誓师典礼，通电全国。

陈绍宽（左）与“楚有”舰长邱锡忠

1926年9月18日，37岁的“应瑞”舰长陈绍宽升任第二舰队司令之职。

12月10日，驻泊福州马尾等地的海军第一舰队在司令陈季良的率领下，宣布服从国民政府，首先易帜归附国民革命军。驻扬子江流域的北京政府海军以杨树庄为首，决定统一行动。杨树庄遂于“海筹”舰召集第二舰队司令陈绍宽、“海筹”舰长陈训泳、“海容”舰长王寿廷、“应瑞”舰长萨福畴等开会商议。会上陈训泳等倡议海军立即行动，支持北伐，打击北洋军阀，“楚有”舰舰长林元铨等大力附议。随后，“楚有”舰奉命协同“楚谦”（舰长杨庆贞）、“楚同”（舰长李世甲）等舰驶入长江，冒险越过江阴和南京各炮台，直抵九江。林元铨等代表杨树庄与北伐军司令部商谈易帜有关事项。杨树庄与北伐军达成协议后，便密令各舰队相机倒戈。

海军第一舰队在福建易帜，归附国民革命军

北洋政府海军顺应潮流在沪举义，加入国民革命军

1927年3月14日，驻上海的海军总司令杨树庄正式宣布与革命军合作，在吴淞口成立国民革命军海军总司令部，杨树庄就任海军总司令，通电第一、第二舰队和练习舰队所属44艘舰艇易帜，加入国民革命军。陈绍宽率第二舰队归附国民革命军。

对于北洋政府海军易帜归附国民革命军一事，陈公绍宽1959年8月在给海军司令部的回信中，谈到杨树庄投蒋的经过，有下列这么一段话："当北洋军阀政府失去统治全国和直系军队在长江节节失败的时候，当时海军总长杜锡珪即授意海军总司令杨树庄，可与北伐国民革命军接近，以免国家、人民及海军受到无谓的损害。因为海军传统的政策，一向是为国为民，接受能统治国家势力的命令”，“故中国海军易帜起义的事例屡见不鲜”，“我们自发的内因占主导位置”。[1]中央海军从装备、设施、补给到人员培训，都需依靠国家力量。所以，中央海军从创办之初就培植了根深蒂固的忠于国家的信念和传统，尤其是在政局动荡时，海军的爱国特性和自我觉醒就更加凸显。

海军主力易帜，北洋军震骇，决定以全力对付国民革命军海军。上海防守司令（原直鲁联军第五路总指挥兼第八军军长、渤海舰队司令）毕庶澄派兵包围设在上海高昌庙的海军总司令公署及江南造船所，并收缴署内卫队军械，且调遣重兵扼守吴淞炮台。国民革命军海军各舰艇航路断绝、消息梗塞。

3月20日，北洋政府重组海军总司令部，设司令部于青岛，辖东北海防舰队与渤海舰队。张宗昌任总司令，沈鸿烈任副总司令。

3月21日，国民革命军海陆军联合围攻淞沪。中共上海市委领导的上海工人举行第三次武装起义，将孙传芳军队赶出上海，北伐军收复上海。

3月22日，国民革命军海军第二舰队司令陈绍宽率“海容”等舰进攻吴淞炮台，直鲁联军弃撤吴淞炮台逃遁，各舰艇陆续开入高昌庙及吴淞等处警戒。陈绍宽率“海容”军舰、“湖鹗”雷艇赴浏河，与“永绩”舰会合溯江袭击在逃的直鲁联军。“永绩”原从宁波经扁担沙进袭浏河，中途听到有大批直鲁联军由“超武”舰潜运下驶，便驰往截击，将“超武”舰擒获归队；“海容”、“永绩”、“楚有”、“楚同”等舰又沿江搜索，将潜伏通州及长江一带的孙传芳等北洋军阀余部清除。海军继而配合北伐军在上海地区作战，将原湖北省政府管辖下的巡防舰队“楚振”、“楚材”、“楚安”、“楚义”、“楚信”、“泰安”、“钧和”、“策电”、“决川”、“浚蜀”、“鄂巡”、“襄巡”、“威胜”、“文珠”、“护法”、“宣慈”等炮舰先后收捕，并缴获大量军用品。

3月26日午夜，北洋海军沈鸿烈所部“镇海”和“海圻”两舰在海上会合进入扬子江，趁着高潮冲过黄浦江口的浅滩。“镇海”舰在太古公司的油

1 纪墨：《重庆舰人》，第364—366页。

收编的“楚材”炮舰

槽旁下锚，“海圻”舰则继续前进，直接上驶到杨树浦江面，发现国民革命军海军的“海筹”和“应瑞”两艘巡洋舰正在此锚泊，“应瑞”号旁还停泊了一艘英国的飞机母舰。

拂晓时分，“海圻”舰以8英寸主炮与舷侧副炮袭击“海筹”、“应瑞”两舰，“海筹”号没有防备，听到炮声后舰上水兵才匆匆站上炮位。“海圻”以重炮轰击“海筹”，但可能因为弹药老旧造成许多发穿板未爆，“海筹”只是漏水而未沉没或解体。“海圻”舰同时用前后主桅上的瞭望台上安装的快炮与机枪，居高临下扫射“海筹”舰的舱面。国民革命军派三架飞机增援海军。“海圻”见势不妙，转头再放一轮炮，便往黄浦江出口遁去。

3月28日，淞沪及南京虽次第克复，但长江北岸直鲁联军气焰还很嚣张，国民革命军海军一方面以主力舰队掩护北伐军作战，一方面加强巡逻以防御东北海军舰队窜扰长江一带。面对安庆至吴淞绵亘数百里的江面，国民革命军海军决定划区防守，封锁江面。吴淞至江阴为第一区，由国民革命军海军第一舰队司令陈季良率“海容”、“海筹”、“应瑞”、“列”字等舰艇担任防务；江阴至镇江为第二区，由海军第二舰队司令陈绍宽率“楚有”、“楚同”、“通济”、“甘泉”、“利通”等舰艇担任防务；镇江至南京为第三区，由总指挥杨庆贞率“楚谦”、“联鲸”、“张”字等舰艇担任防务；南京至芜湖为第四区，由海军练习舰队司令陈训泳率“永绩”等舰担任防务。各区舰队均联合陆军与敌作战，将宁、镇、澄、通等处完全收复，并掩护陆军渡江追敌。

4月10日，孙传芳部两团由泰兴潜渡过江，第二舰队司令陈绍宽督率各舰艇驰往江阴、泰兴、三江营一带，封锁安庆至吴淞江面，截击孙传芳渡江部队，将敌人悉数歼灭。

4月13日晨，北洋军在三江营处装设大炮掩护部队渡江。陈绍宽急率舰前往截击。“楚同”则在西江口监视直鲁联军行动，并扼守江面严防潜渡。

4月15日，北洋海军“海圻”等舰准备南下袭击淞口。陈绍宽率领第二舰队开赴镇江协助，“楚有”、“楚同”、“楚谦”、“永绩”、“联鲸”、“华安”、“普安”、“列”字、“张”字各舰艇均在原防区驻守，随时往返巡查。当时镇江北岸及瓜州十二圩一带尚在直鲁联军手中，直鲁联军利用所占据的都天庙炮台轰击游弋此间的国民革命军海军舰艇。镇江以西，因浦口直鲁联军云集，国民革命军海军各舰不易下驶，故由“楚同”留泊宁、皖间，负责警卫；“楚有”、“通济”二舰在弹雨中与直鲁联军苦战。

4月17日，陈绍宽令“楚有”从目鱼沙巡回镇江，与“通济”、“联鲸”两舰会合。午刻，航近焦山，“楚有”、“通济”、“联鲸”等舰即向都天庙炮台开炮猛击。

5月11日，直鲁联军在龙梢港目鱼沙安炮设防。陈绍宽率领“楚有”、“通济”等舰，选派精锐向目鱼沙进攻。双方激战甚烈，直鲁联军不支溃退。

5月12日，北伐军第二路及第三路陆军渡江北伐，陈绍宽奉命将第二舰队集结于南京江面。同时，海军舰艇分赴泰兴、三江营、瓜州、都天庙等处，用舰炮轰击直鲁联军阵地；“楚谦”赴大胜关附近，掩护北伐军第四军渡江，协助收复和县；“决川”运送北伐军第三十七军前往金鱼嘴，登岸追击直鲁联军。

5月13日，第二舰队“楚谦”舰向采石巡弋，掩护北伐军第六军渡江后，驶到乌江镇用舰炮轰击盘踞在这里的直鲁联军，直鲁联军慑于“楚谦”等舰火力，稍抗即溃，北伐军占领乌江镇。同时，“应瑞”、“联鲸”两舰分赴赤壁、荷花池、三江营口岸、天星桥、四墩子、八圩港等处巡弋；“海筹”、“甘泉”等舰由泰兴下驶，游弋段山港一带。时泰兴之敌，被北伐军陆海两军围攻，窜集于龙梢港、天星桥一带，携带大炮、机关枪多架，拟掩护渡江。陈绍宽亲率“通济”等舰驰赴该处开炮扫射，激战四小时，敌军不支，纷纷退窜。

5月14日，龙梢港方面防务稍松，陈绍宽令“楚有”驰往都天庙向直鲁联军炮台猛攻。直鲁联军恃险相持，“楚有”舰苦战多日，并与北伐军联络策应，于23日克复都天庙。

5月17日，海军第二舰队与盘踞江北的直鲁联军对峙之际，盘踞乌衣的直鲁联军又以铁甲车向北伐军反扑，“楚谦”以舰炮猛击，直鲁联军伤亡甚重，向山坳溃窜。

5月18日早晨7时，沈鸿烈率“海圻”、“肇和”、“定海”、“威海”各舰来袭吴淞口，与驻守吴淞口炮台的北伐军发生激战。第一舰队司令陈季良率领“海容”、“海筹”、“应瑞”、“豫章”、“建康”各舰奉令兼程驰援。敌军舰队听闻国民革命军海军结队而来，退出吴淞口。陈绍宽率“楚有”、“楚谦”等舰开赴划子口及通江集，防堵孙传芳残部，并掩护北伐军会攻六合。北伐军海陆联合作战，声势日盛，瓜州十二圩等处先后收复。盘踞江阴及通州的直鲁联军也先后被击溃。至此由皖到沪之长江水道完全为国民革命军海军控制。

7月6日，南京国民政府任命杨树庄为国民政府军事委员会委员兼福建省主席，明令特任陈绍宽为国民政府军事委员会委员。杨树庄于福州设立海军总司令行营，指挥驻闽海军部队。

7月12日，海军长江战事稍告结束，即将长江防线重新分段布置。第一段自上海至江阴，由海军第一舰队司令陈季良率领“海容”等舰担任防务；第二段自江阴至镇江，由练习舰队司令陈训泳率领“海筹”等舰担任防务；第三段自镇江至南京，由第二舰队司令陈绍宽率领“楚有”等舰担任防务。此时国民革命军海军所负的使命是，一要严防北洋舰队的侵袭，二要保护南京的治安。第二舰队司令部设在南京，指挥舰队拱卫首都，职责尤为重大。

7月26日，陈绍宽开始协助第一军和第七军等部队，参加龙潭战役。7月31日，何应钦、白崇禧等督率各军扫荡龙潭附近孙传芳军，猛烈追击，海军复于江上截击，取得大捷。

8月14日，孙传芳将所部组成5个军，在大河口、划子口间，截断铁路，密谋渡江，向江南推展。留守南京的海军日夜戒备，封锁长江上游各舰也抽

宁汉合作组建的国民政府委员及军事委员在阅兵台前合影，前排右起第三人为陈绍宽

调回南京江面，加强防备。

8月17日晨，陈绍宽将第二舰队司令部移驻“楚有”旗舰。午刻，北洋军进逼浦口，并向南岸开炮。

8月18日晨，孙传芳部炮击陈绍宽的海军第二舰队，并对狮子山炮台猛攻，海军第二舰队各舰发炮还击，前后炮战约1个小时。循运河南下的北洋军企图袭取镇江，陈绍宽派“通济”、“联鲸”两舰兼程驰往截击，阻其南渡。

六艘“楚”字舰中“楚有”炮舰最先作为旗舰使用

“楚有”舰官佐在该舰甲板合影

8月24日，孙传芳部队在大胜关上游犊儿矶、太平府等处江面夺取民船多艘，运兵潜渡，抵至中流时，陈绍宽派“楚同”、“楚谦”两舰沿江拦击，将孙传芳的运兵船全数毁灭，毙敌无算。

8月25日，孙军强渡成功，向距南京仅十里的龙潭、栖霞一带集结，南京震动。陈绍宽急派“楚有”、“楚谦”等舰向乌龙江附近巡弋。是晚，江上浓雾弥漫，孙传芳所部由划子口、大河口乘黑向乌龙山、燕子矶一带偷渡，并占领乌龙山，截断铁路，破坏电线。陈绍宽坐镇“民权”舰，指挥舰队在江面猛轰孙军，大获全胜。

8月26日拂晓，陈绍宽率领“楚有”、“楚谦”等舰冒险突进，以重炮迎头痛击孙军。北伐军第七军所部加入协攻，孙传芳的渡江部队军势不支，被包围缴械，北伐军夺回乌龙山。

8月27日，孙传芳部队又从划子口渡江，陈绍宽派“楚谦”驰往追击，“楚同”在八卦洲附近警戒。“楚谦”在途中遇见孙传芳部队乘坐民船多艘企图自北岸南渡，立即开炮轰击，将民船扫除净尽，并用舰炮摧毁划子口的敌营一座。但“楚谦”舰机件被南岸友军炮毁，回沪赶修，“楚同”单舰与孙传芳部作战。

8月28日拂晓，陈绍宽率领“楚有”、“楚同”两舰分扼要冲，取夹攻方略，昼夜开炮，击沉孙传芳部运兵船多艘，毙敌甚众。孙传芳部队虽受重创，仍恃众潜渡，闯登南岸，栖霞山、龙潭相继失守。

8月29日，陈绍宽率“楚有”、“通济”两舰，在大河口、三江口上下游续行猛烈攻击，毙敌尤多。当晚，“联鲸”舰赶到参战。孙传芳部在大河口高山架设大炮，向“楚有”旗舰射击，但炮弹均落舰旁。

8月30日，陈绍宽令“通济”、“楚同”等舰在龙潭、栖霞山间沿江猛攻，渡江到南岸的孙传芳部死伤遍野，而盘踞江北的孙传芳部也以极猛烈炮火向海军舰艇发起攻击。“通济”望台中弹，官兵受伤多人；“楚同”受南岸北洋军炮击，仍奋勇接战。

8月31日拂晓，陈绍宽因敌军盘踞多日，恐致蔓延为患，令各舰发炮攻击，前后达3小时。南岸的孙传芳部受国民革命军海陆军压迫，全线动摇，溃退到江边，因归路断绝，数万人面舰请降。国民革命军将其全数缴械，获各类枪支4万余支。

中午，盘踞北岸的孙传芳部向“楚有”舰开炮，“楚有”舰奋起反击。午后1时，陈季良率“海容”开抵大河口，“通济”、“永健”、“联鲸”各舰陆续赶至三江口策应。大河口的孙传芳部被“海容”等舰以猛烈炮火击退。

陈绍宽获一等宝鼎勋章照

当晚，孙传芳部在乌龙山、八卦洲间偷渡，巡弋江面的“楚有”、“楚同”、“楚谦”三舰发炮截击，南渡的孙传芳部被全数击败。北岸的孙传芳残部慑伏不动，唯开炮环攻“楚有”、“楚同”、“楚谦”等舰。

至此，战事暂告一段落，南京转危为安。南京政府海陆军协同作战，取得了龙潭战役的胜利。此役是北伐战争中具有决定性的一场战役，它奠定了南京国民政府的基业，粉碎了孙传芳南渡重新占领江南的美梦。

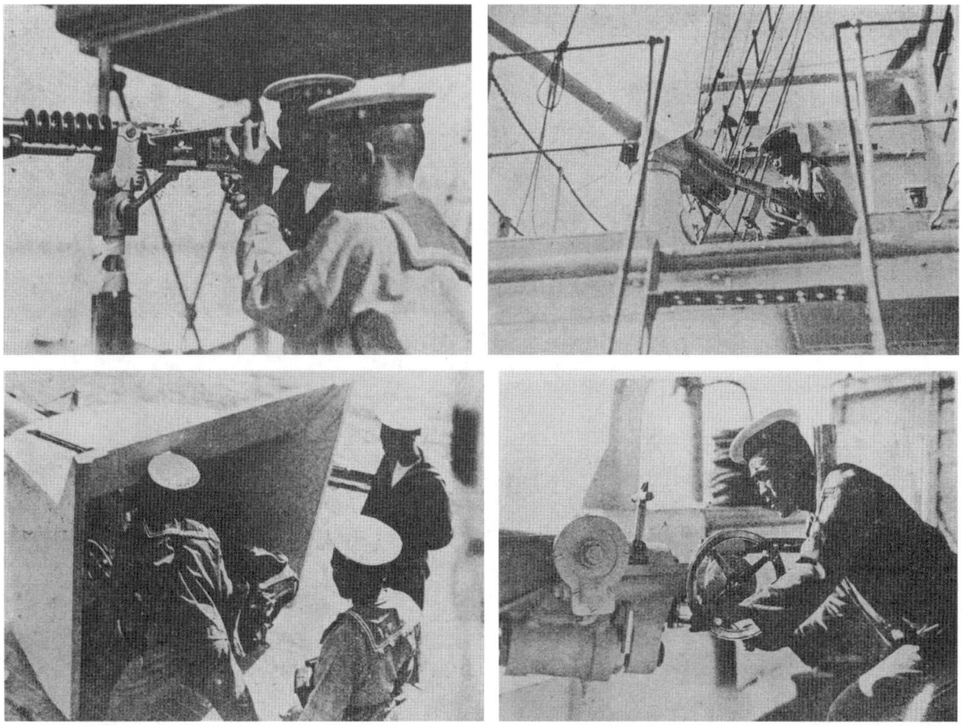

参加北伐的海军

陈绍宽率“楚同”舰鏖战龙潭，大获全胜

右为陈绍宽

9月上旬，陈绍宽等代表国民政府对前线战士进行慰问，并将有功及阵亡将士名册开报，以凭赏恤。陈绍宽被国民政府传令嘉奖并授予勋章。

10月，南京国民政府组织西征军，下令讨伐武汉国民政府。19日，陈绍宽奉命率领第二舰队“楚有”、“楚同”、“楚谦”、“永绩”、“永健”、“江贞”、“辰”字、“宿”字、“列”字、“张”字等舰艇溯江而上，先后攻下芜湖、大通、枞阳、安庆、东流、华阳、九江等地。

10月27日，西征海陆军攻占安庆，进入湖北。11月1日，南京国民政府正式任命陈绍宽为海军第二舰队司令。陈绍宽率舰西驶，于11月6日攻下龙坪，7日占领武穴，11日不战而下蕲春，13日进占鄂城、黄冈，14日率先进入武汉，奠定了湖北的局面，随即留守两湖沿江一带巩固江防。

参加西征之“楚同”、“楚豫”两舰

1928年1月12日，陈绍宽指派“江贞”、“江鲲”两舰向城陵矶、岳州一带进军。1月17日上午8时，西征舰队占领城陵矶，10时占领岳州，并收降“楚振”舰。陈绍宽出告示安民，维持秩序，派舰扼要布防，严杜偷渡，同时抽调“江鲲”、“江犀”两舰溯江进击。1月19日下午，陈绍宽西征舰队攻下芦林潭，捕获“浚蜀”、“江寿”、“江通”、“江大”、“江平”各舰船及驳船、小火轮等38艘。1月26日，西征舰队攻下长沙。1月27日，陈绍宽派舰前往湘潭、株洲一带截击逃匿上游的武汉军所属炮船，捕获轮船5艘。

1月30日，陈绍宽西征任务结束。所收编“德胜”、“武胜”、“威胜”、“义胜”等舰艇，归第二舰队司令部遣用，“龙骅”、“汉平”、“湘平”、“荆平”、“捷胜”、“江航”、“楚善”等7艘废置。

2月2日至7日，国民党在南京召开二届四中全会，决定举行第二次北伐，消灭张作霖，实现全国统一。经过磋商，南京政府将北伐军分编为4个集团军和1个海军舰队，共设5个总司令，杨树庄为国民革命军海军总司令。

2月11日，南京国民政府明令简派陈绍宽等为湘鄂临时政务委员会委员。

2月17日，南京国民政府特任陈绍宽等为国民政府军事委员会委员。3月5日，第二舰队收编原武汉国民政府“勇胜”浅水炮艇。

5月，陈绍宽调“永绩”、“永健”二舰来沪赶修，与“海容”、“海筹”合组一队，并奉命将参加西征的“湖鹏”、“湖鹰”、“湖鹗”、“列”字、“张”字五艇调回淞沪，加入编列，以备随时出击来犯的北洋联合舰队。时两湖军事虽暂结束，但防务仍极吃紧，西征舰队各舰艇继续镇守两湖沿江一带，由陈绍宽督率，分别布置，勤事巡弋，以固江防。

5月28日，北伐军各集团军开始全线进攻。6月3日，张作霖见大势已去，退出北京，翌日在退往沈阳途中被日本帝国主义炸死。

6月15日，南京国民政府宣布“统一告成”，二次北伐宣告完成。

7月11日，陈绍宽以海军代表的身份到北平汤山参加讨论“整理军事方案”及“军事意见书”。7月12日，蒋介石、冯玉祥、阎锡山、李宗仁、陈绍宽等议决“军事整理方案”，共同签字实施。方案决定组织编遣委员会，各军共编60个师，宪兵20万，均统一于中央。

7月25日，南京国民政府明令特派陈绍宽等为“禁烟委员会”委员，负责在海军中开展禁烟运动。

陈绍宽（右一）与张群（左一）、罗家伦（左二）、袁同礼（左三）、陈布雷（右二）等在北平合影

1928年8月，时任海军第二舰队司令的陈绍宽（中立者）与“通济”舰长兼监造官李世甲（右立二）等摄于监造“咸宁”舰的现场。左一为海军监造员陈耀屏，与陈绍宽为同宗叔侄

10月，南京国民政府讨论组织行政院下属各部机构，海军将领以“海军地位有国际关系，且海军行政事宜非海军总司令部所能兼任，其海军新建设计划尤须另设专部统筹进行”为由，坚请设立海军部。有人提出孙中山的《建国大纲》没有提建立海军部，因此反对成立海军部。李宗仁则谓《建国大纲》手抄本里面有海军部组织的规定，而没有提到铁道部的组织。由是引起一场争论，结果没有成立海军部。

同月，海军总司令部筹议扩展教育，培植人才，拟于象山港兴建大规模的海军学校。21日，派陈绍宽率同造舰总监郑滋樨、训练处处长夏孙鹏、“海容”舰长王寿廷、“海筹”舰长李孟斌、“通济”舰长李世甲等，乘“定安”运舰驶抵该处。21、22两日，经实地勘察，择定象山港北岸高泥地方适合建校之用。

11月21日，蒋介石致电张群，请陈绍宽转告杨树庄，说明“海军部此时不便另设，以待有款扩充时加设”。

11月27日，陈绍宽晋升中将。陈绍宽与海军总司令杨树庄等联名请求设立海军部，遭蒋介石拒绝。陈绍宽和第一舰队司令陈季良等向军事委员会辞职，对蒋介石施加压力，迫使蒋介石于12月1日在国民政府行政院军政部之下设海军署。12月5日，陈绍宽兼任国民政府军政部海军署署长。12月26日，国民政府以海军翊赞革命有功，为巩固国本计提倡海军新建设，明令设立海军署。陈绍宽因功由第二舰队司令升任海军署署长（此为当时中国海军最高领导机构）兼第二舰队司令，时年39岁。

同月，陈绍宽在《海军期刊》第1卷第7期发表《世界上有不要海军的国家么？》，文中引用孙中山的话：“帝国主义者所挟以为暴的工具，就是倚赖强大的海军；被压迫的民族，虽怀怨恨，谋反抗，终不能脱离他的势力范围以外。”对世界海军新技术、新装备、新战术富于感知和把握的陈绍宽，为因应世界海军“大吃小、快吃慢”的发展趋势，在接任后立即编写了《条陈扩充海军呈文》，要求扩充海军，加强中国海权，并对海军建设做出规划：“兹拟以最低限度，请添造驱逐舰四艘，约需一千二百万元；潜水艇二艘，约需六百万元；巡洋舰三艘，约需三千万元；飞机母舰一艘，约需两千万元。”陈绍宽在所拟的海军建设规划中，将航母的建造作为海军建设的一个重要组成部分，计划将胶州湾、象山和大鹏湾作为停泊航母的海军基地。

鉴于北洋政府统治时期，海军内部升黜任免的不当状况，陈绍宽还拟订了海军官阶、执掌、赏罚等铨叙法规的草案，送立法院核准后，即公布施行，统一任人标准，强调任人唯贤、量才录用。

12月29日，张学良通电宣布服从国民政府。至此，国民党在全国范围内建立了新军阀的反动统治。南京海军总司令部虽然一直想接管东北海军，使海军统一起来，但蒋介石坚持要“分而治之”，以“张学良不同意海军统一”为借口拖延，故未能成功。此后，1929年南京国民政府海军部成立时，就已拟定东北海军为第三舰队，但直至1933年东北海军丧失了江防舰队和三艘主力军舰之后，南京国民政府才将之改编为海军第三舰队。

当时，陈绍宽所能管辖的中央海军共有舰艇52艘，总排水量34261吨，编有：第一舰队，辖巡洋舰“海筹”、“海容”号，炮舰“永健”、“永绩”、“联鲸”号，运输舰“普安”、“华安”、“定安”号，炮艇“海鸿”、“海鹄”、“海凫”、“海鸥”号；第二舰队，辖炮舰“楚有”、“楚泰”、“楚观”、“楚谦”、“楚同”、“江元”、“江贞”、“江鲲”、“江犀”号，水上飞机母舰（商船改装）“德胜”、“威胜”号，炮艇“永安”、“建中”、“拱辰”、“勇胜”、“公胜”、“诚胜”、“青天”、“义胜”、“正胜”、“甘泉”、“福鼎”、“利通”号；练习舰队，辖“应瑞”、“通济”、“靖安”号；鱼雷游击队，辖驱逐舰“建康”、“豫章”号，鱼雷艇“湖鹰”、“湖鹏”、“湖鹗”、“湖隼”、“辰”、“宿”、“列”、“张”号；海道测量队，辖测量舰“甘露”号，测量艇“景云”、“庆云”号；海岸巡防队，辖巡防艇“长风”号。

1929年1月1日，国民政府在南京召开全国编遣会议，海军由总司令杨树庄、第一舰队司令陈季良、第二舰队司令陈绍宽等参加会议。

1月22日，编遣会议召开第五次大会，决议海军总司令取消后，即设海军编遣办事处，除原有第一、二舰队外，渤海舰队改为第三舰队，广东各舰队改为第四舰队，统归编遣委员会管辖，由海军编遣办事处分别编遣。陈季良、陈绍宽则一再提请“各舰队统一调遣”、“暂缓裁撤海军总司令部”、“设海军专部”三案。但所提各案未获通过，陈绍宽和陈季良愤然离开南京回沪，联袂提出辞职。

蒋介石怕海军群龙无首，于1月27日亲赴上海会晤陈季良和陈绍宽，表达中央和个人挽留之意，也重申政府建设60万吨海军的希望，称：“我们曾讲要在15年以内，有建设60万吨的希望，照此看来，我们在5年以内，或者即可完成，与世界上列强的海军相抗，巩固我们的国防。”蒋介石夸下造舰60万吨的海口，仅是安抚二陈的权宜之计，陈季良、陈绍宽遂接受慰留。2月22日，国民政府召开第21次国务会议，明令期限实施编遣，要求总司令部、各集团总司令部、海军总司令部、各总指挥处限3月15日一律撤销，各编遣办事处限3月16日正式成立。2月27日，海军编遣委员会成立，陈绍宽任委员。

3月16日，海军总司令部撤销，改设海军编遣办事处，负责全国海军的编遣工作。杨树庄为主任委员，因称病未到任，由陈季良代理。编遣办事处只负责编遣事宜，而无指挥权，各海军舰队的调动、军官任命等职权都丧失了。

为了加强政治独裁，蒋介石下令撤销武汉政治分会，并且准备从桂系手中夺取武汉和两湖地方政权，这就使桂系李宗仁等大为不满，蒋桂矛盾日趋于尖锐化。当时桂系军队控制着河北、湖北、湖南、广西诸省，并与广东的李济深结成联盟，实力很强，对蒋介石威胁也最大。而且桂系又是1927年逼蒋下台的主谋，蒋介石对此一直耿耿于怀。

3月26日，蒋介石发出了对桂系的讨伐令，亲率三个军指向武汉，“蒋桂战争”爆发。

3月28日，海军将领通电拥护国民党中央。陈绍宽奉命率领第二舰队14艘舰艇参加对桂军作战，并被蒋介石任命为“讨逆军”海军舰队司令。海军的任务是“游弋于九江、汉口间，极力妨害敌人之行动，并援助第一军之作战及渡江”。

3月29日，陈绍宽奉命率第二舰队“楚有”、“咸宁”二舰，护送蒋介石及其总部人员从南京出发，驶向上游，于次日抵达九江。蒋介石在九江设立行营。陈绍宽分派“楚观”、“湖鹰”驶抵武穴，协助蒋介石讨伐桂系，随后又护送蒋介石到武穴视察。令“江鲲”游弋蕲春一带，“江犀”冲进石灰窑、黄石港；又调“诚胜”艇担任运输，“江贞”、“湖鹗”、“公胜”等舰艇赶赴前线。蒋介石与陈绍宽坐镇第二舰队旗舰“应瑞”舰上督战。

3月30日海军占田家镇，4月4日协助陆军攻占刘家庙，4月5日攻下武汉，4月7日攻占岳州，4月13日由汉口急进，攻下郝穴，在英国军舰的帮助下攻占马家寨防线，继而攻破观音寺防线。海军战功卓著，占领两湖后，陈绍宽被任命为湘鄂政务委员会委员和湖南省政府委员，并被授予“中流砥柱”大勋旗。

“咸宁”舰，该舰是中国第一艘自产的内河炮舰

当时《海军期刊》上刊载的“勇胜”舰

5月6日，陈绍宽乘“江鲲”上巡至南沱，奉令由宜昌率“楚有”下驶，同时留“江鲲”在宜昌驻防，并调“楚谦”赴宜昌协助；沙市由“楚观”、“江犀”屯守，“诚胜”、“勇胜”担任输运，并巡弋宜昌、沙市附近；荆河以下各舰艇分别扼守要隘，首尾联络，互为策应。5月8日，粤桂战争爆发，桂系余部自两湖失败后退入粤、桂。

德国伏尔铿（Vulcan）厂建造的“江鲲”号浅水炮艇

5月31日，长江战事暂告一段落。陈绍宽率领前方受伤各舰陆续开入江南造船所勘验修理，并令“通济”警备安庆，“联鲸”驻防芜湖，“楚谦”留守南京，其余各舰艇则分防沿江要隘，拱卫南京。陈绍宽任司令的第二舰队炮艇因吨位小、吃水浅，原本就是定位为江防。而陈季良所辖的第一舰队海防巡洋舰则因吨位大、吃水深、火力强大，适宜在近海作战，在这次战役中反倒成了陪衬。发生在长江中游暨兵家要地的决胜战，再次让陈绍宽脱颖而出，也成就了他作为海军统帅所必备的用以服众的战功。

整军经武

1929年6月1日，国民政府海军署改为海军部，陈绍宽就任政务次长，代理部务。1932年1月，陈绍宽继杨树庄出任海军部部长，执掌中国海军。历史只给了他前后八年的时间整军经武，陈绍宽以人格魅力治军，以清廉刻苦强军，力所能及地维护国家海权，披肝沥胆，不辱使命。在海军部部长这个重要职位上，陈绍宽更为国家造就了大批海军人才，并为之后的抗战锻造出一支“没有海，还有军”的卫国铁军。

一、振作海军

1929年6月1日，孙中山灵榇奉安于南京紫金山，国民党中央各委员、各国专使均来恭送，各地分别举行安葬纪念会。海军部派“威胜”军舰恭迎灵柩，并调“海容”、“海筹”、“应瑞”、“通济”、“楚有”、“豫章”、“建康”、“德胜”、“武胜”、“仁胜”、“正胜”、“湖鹏”、“列”字各舰艇分布江面拱卫。各国专使暨海军长官参加典礼者由海军部会同外交部招待。

迎灵的“威胜”舰

恭迎孙中山灵柩，二排中间戴海军军帽者为陈绍宽

十八国外交使团参加奉安大典合影，陈绍宽（第三排左四）作为海军代表作陪接待

八位海军送殡代表：前排左起第一人为“海容”巡洋舰上校舰长王寿廷，二排左起第一人为“应瑞”练习舰少校轮机长朱葆清，第二人为“应瑞”舰少校副舰长刘孝鋆

海军送殡队伍

海军送殡代表护送灵榇进入祭堂

海军送殡队伍中的海军仪仗队

代理部务的陈绍宽

同日，国民政府海军部成立。当时，孙中山奉安大典因工程延误推后，最后与拟定的海军部成立日同日，故这天也成为民国海军继承孙总理遗志、走上发展的起点日。各地驻防的海军将领汇集南京，在国民政府大礼堂举行宣誓就职典礼。

新成立的海军部由杨树庄任上将海军部长，第二舰队司令陈绍宽任中将政务次长兼海军江南造船所所长；第一舰队司令陈季良任中将常务次长。杨树庄兼福建省主席（常驻福州），外出期间由陈绍宽代理部务。

6月3日，杨树庄就任海军部长

之职。

南京国民政府海军部设立了军衡司、军务司、舰政司、军学司、军械司、海政司等6个司及部直属的总务厅、经理处、参事室、秘书室、技监室、副官室，另附有警卫营、军乐队、无线电台等。海军部总务司长为李世甲，军衡司长杨庆贞（兼军务司长），军学司长吕德元，军械司长林献炘，舰政司长唐德炘，海政司长许继祥，经理司长罗序和（以上均少将衔），编辑处长佘振兴（上校衔），参事林永谟、任光宇（少将衔），造械总监郑滋樨，秘书处长陈培源（上校衔），副官处长黄显琪（上校衔）。

总务厅辖文书、管理、统计、交际4个科；军衡司辖铨叙、典制、恤赏、军法4个科；军务司辖军事、医务、军港、运输4个科；舰政司辖机务、材料、修造、电务4个科；军学司辖航海、轮机、制造、士兵4个科；军械司辖兵器、设备、保管、检验4个科；海政司辖设计、测绘、警备、海事4个科；经理处辖总务、会计、审核3个科。此外，海军编译委员会改为编译处，迁至部内办公。部内成员来自原海军总司令部、海军署及北京海军部三方面，合计不到300人。

海军部下辖：第一舰队，司令陈季良（兼）；第二舰队，司令陈绍宽（兼）；练习舰队，中将司令陈训泳；鱼雷游击队（1934年2月，鱼雷游击队奉命撤销，各鱼雷艇移交给第二舰队，“建康”号驱逐舰划归第一舰队），少将司令曾以鼎；海军航空处，上校处长陈文麟；海岸巡防处，少将处长吴振南；航道测量局，少将局长刘德浦；厦门要港，少将司令林国赓；马尾要港，司令李世甲（兼）；海军学校，少将校长李孟斌；第一陆战旅，少将旅长林秉周；第二陆战旅，旅长李世甲（兼）。萨镇冰、李鼎新、林建章被聘为高等顾问，刘传绶、谢葆璋、何品璋、陈兆锵、周兆瑞为顾问。

海军部成立初期，向国民政府提出建设60万吨海军的方案。该方案引征孙中山的《建国方略》里建设海港军港的远景，提出以日本为假想敌，呈请国民政府在15年期间，筹拨20多亿元作为建设海军经费。方案送出之后，如石沉大海，渺无消息。在这样的情况下，海军部就想自力更生，决定在几年时间内，自己有多少力量，就建设多少新舰艇，并补充一些军火，以应对局面。

南京国民政府海军部正门

南京国民政府原拟仅设置海军署，陈绍宽痛陈“军阀专国，唯地盘之是夺，置国防于不顾，对于海军横加摧残，不使其有进展之机”。资料显示，从1913年到1929年民国海军部成立为止，中国海军舰船总吨位仅由29286吨增加到35503吨，平均每年增长365吨。面对列强海上进犯，几近有海无防。在陈绍宽和海军同仁的据理力争下，国民政府改海军署为海军部。这是海军部成立次日，在南京海军部大门前海军部领导就职照，前排左起第八人为杨树庄、左起第七人为陈绍宽，左起第四人为陈季良

驻南京舰队官兵列队前往参加海军部成立庆典活动

海军部警卫营部分官佐合影照

左照为海军部礼堂，右照为海军部总办公厅

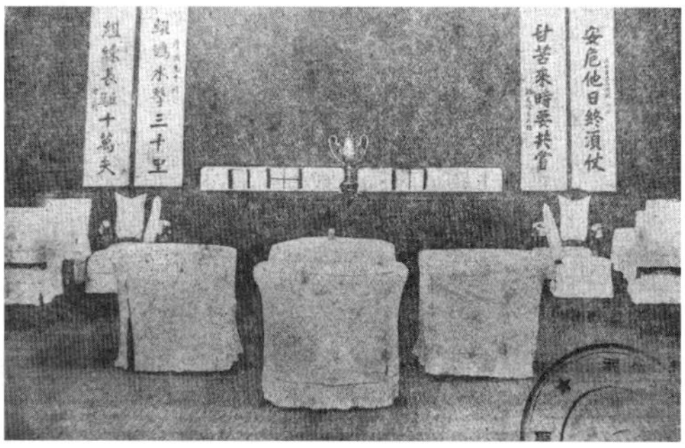

左照为海军部副官室。右照为部长次长会客厅，厅内悬联为孙中山所书，右为“安危他日终须仗，甘苦来时要共尝”，左为“鲲鹏水击三千里，组练长驻十万夫”。前者为孙中山于1914年赠黄兴句，“吁同甘共苦”；后者为北宋苏轼诗，“喻一往无前”

政务次长陈绍宽在海军部简朴的宿舍。陈绍宽在床头贴了“寇莱公（寇准）六悔箴”：“官行私曲失时悔，富不俭用贫时悔，艺不少学过时悔，见事不学用时悔，醉发狂言醒时悔，安不调摄病时悔”，奉为座右铭[1]

---

1 引自郑玉华：《陈绍宽一生》，福建教育出版社2001年版，第15页。

1929年10月，“蒋冯战争”爆发。海军部代理部长陈绍宽奉命率“楚有”、“永绥”等舰赴长江一带巡防。而前北洋海军总长杜锡珪等则暗中与冯玉祥部联合，准备运动海军第一舰队司令参加反蒋。为避免杜锡珪干扰海军，南京国民政府特派杜锡珪为考察欧美日海军专员。11月3日，杜锡珪等一行人从上海启程，赴日、美、欧各国考察海军。

1929年11月3日驻沪海军同袍欢送杜锡珪出国考察。前排右一为陈绍宽，左三为杨树庄，左四为谢葆璋，右三为陈季良

11月中旬，冯玉祥部失败，第二次“蒋冯战争”基本结束。

1929年12月1日，唐生智领衔在郑州通电反蒋，“蒋唐战争”爆发。陈绍宽派“江贞”、“威胜”舰配合蒋军，策应夹攻唐生智部；派鱼雷游击队司令曾以鼎率领“联鲸”、“永健”、“永绩”、“楚谦”、“楚同”等舰赴粤。同时，派“华安”舰装配煤水及军用品，驰往接济，另由“靖安”舰护送何应钦赴粤督师。

1930年1月，唐生智军战败，唐生智逃亡海外，“蒋唐战争”结束。

1930年1月6日，福建省防司令林忠、海军马江要塞司令萨福畴，会同闽北新编陆军第二师旅长卢兴荣将福建省政府委员林知渊、许显时（兼建设厅厅长）、陈乃元（兼民政厅厅长）、程时煃（兼教育厅厅长）、郑宝菁（兼省政府秘书长）及水上公安局长吴澍绑架，要挟改组省政府及人选等问题。时杨树庄尚在福州，闻变即移驻南台中洲海军公所，并于江面停泊小军舰，做好准备，预备情况紧急时即赴马江。

闽江中洲海军公所，白色建筑为海军俱乐部

福州中洲岛的海军行营驳岸边就有码头，便于炮舰进出

2月9日，杨树庄从福州赴南京，向蒋介石控陈此事，蒋介石迁延不予处理。2月12日，南京国民政府派张群与杨树庄赶赴福州，处理闽局。2月18日，张群在福州遇刺未中，次日二次遇刺受微伤。此事使杨树庄颜面扫地，倦于政事，加之身体多病，留京不回。

3月19日，蒋介石赴长江各要塞检阅，陈绍宽随同出发，沿途检阅镇江、江阴、吴淞各要塞。抵吴淞时陈绍宽巡视了海岸巡防处及吴淞海军指挥处。

“海容”舰行驶在长江中

陈绍宽视察“楚观”舰

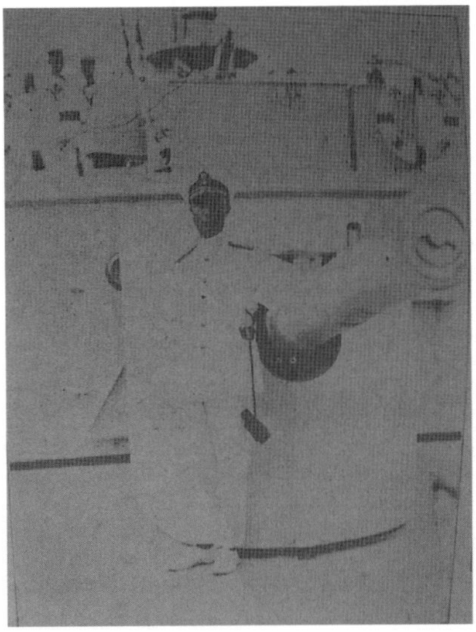

陈绍宽立于第二舰队旗舰“楚有”舰主炮前

"楚泰"炮舰

3月26日晨，蒋介石复乘"建康"舰从宁波赴象山勘察军港形势，陈绍宽派"楚泰"随护，是晚回宁波。

5月11日，"蒋冯阎战争"爆发。陈绍宽奉命派"楚泰"、"顺胜"二舰艇前往长沙、岳州一带游弋、助攻。同年11月，冯阎联军战败。

1930年陈绍宽（前排右起第8人）和海军同仁纪念海军部成立一周年集体照

1931年春，陈绍宽（前排左四着海军服者）代表海军出席国民政府举办的国民革命军遗族学校烈士追悼会，与国民政府要人和烈士遗孤们（含海军英烈的遗孤）合影

二、建章立制

海军部成立后，陈绍宽主持颁行新的规制，前后达198项之多，涵盖各个方面，务求有章可循，有法可依，力倡“严整治军，严谨制法”。1931年2月20日，陈绍宽颁行了《海军服装条例》，把军官服的种类规定为大礼服、常礼服、晚礼服、公服、晚公服、常服、晚常服、夏服等，其中系统的晚装规范是第一次在中国海军的着装制度中出现，基本还是延续传统，接轨国际。陈绍宽卸任之后的1946年至1947年间，南京国民政府海军陆续启用新的军服制度，大体与此前的海军军服类似，并加入了美式军服的设计元素。海军军官服仍然和此前一样，变化较大的主要是海军军官的常服和军衔设计。

1931年12月30日，杨树庄辞去海军部部长之职，南京国民政府任命陈绍宽为海军部部长。

1932年1月1日，陈绍宽正式就任海军部部长、军事委员会委员。1月26

陈绍宽就任海军部政务次长时的海军礼服照（左）和海军夏装照（右）

陈绍宽任海军部政务次长时的海军大礼服照（左）和竖领常服照（右）

陈绍宽着上将大礼服照

日，复被南京国民政府授予海军上将，时年43岁。

历史只给了陈绍宽前后八年的时间整军经武，他以最大程度的努力去实现当年海军部所提出的《国防计划》：“一面刷新现有人才，振作现有海军，一面建设相当新海军，用以达成管制中国海及与英美海军成犄角之目的。”陈绍宽一如既往地依靠团结在船政海军旗帜下五大海校学子为骨干的中央海军队伍，尽其所能地实现他的海军强国愿景，护卫祖国的海权。

1936年陈绍宽在南京海军部检阅海军仪仗队和乐队（乐队的一些乐器是陈绍宽用自己出国的补贴购回的）

1932年元旦林森（右一）宣誓就职新任国民政府主席时和各院部长合影，陈绍宽（右四）接替杨树庄任海军部部长

1932年，因淞沪抗战爆发，国民政府迁都洛阳。12月，迁回南京，图为国民政府主席林森（正中）重返南京，陈绍宽在林森右后

1933年10月孔祥熙就任国民政府财政部部长时的合影照，前排右三为陈绍宽

1934年林森（前排右六）连任国民政府主席，海军部部长陈绍宽（三排左三）参加其就职典礼

1935年德舰“爱姆登”号访华，陈绍宽（左一）亲自登舰参观，了解外舰新装备

1936年5月英国驻远东舰队司令李杜会晤海军部长陈绍宽，双方就日本侵华时期的合作问题进行了探讨

三、磨砺刀锋

陈绍宽主持海军部期间，为提高海军的协同作战能力，塑造海军精神，规定了各舰队在春、秋两季实施演习会操。从1930年5月至1937年5月，中央海军举行较大规模的会操演习不下35次，主要演练项目有攻防、阵法、护航、防潜、火炮靶射、鱼雷攻击、航行救生、灯号、旗号、舢板、鱼雷防御、劫船、离船备战、太极拳、塞漏等。民国时期弱小的中国海军，恰如其所自我评定的那样，“像一把小刀”，但即便如此，海军始终不懈于磨砺它的刀锋。

当时《良友》画报上刊载的中国海军演习报道

陈绍宽在“海容”舰上向各舰长官训话

“海容”军舰演习舢板出军

鱼雷艇编队

鱼雷游击队在湖口会操

“楚有”等八舰在定海会操

民国《海军杂志》第6卷第5期曾报道：1933年“十一月间鱼雷队王司令奉部令率各舰出海操炮操雷……十一月六日令楚同先行出发，王司令暂驻建康。七晨率同该舰及四湖艇列队离宁。当晚抵吴淞寄锚。八晨王司令率队离淞……整队出发，沿途操演变换移位方向及各种船阵……午后抵定海……九日王司令复率队离定海……过珍珠石时，当由王司令下令练习整队大操、实弹射击。即以该石为的，建康各炮各发射二出，成绩甚佳。四湖艇各炮各发三出。末刻抵象山。……十日王司令令建康及四湖艇校定鱼雷、布置雷靶。十一日上午王司令令四湖艇整队各放雷一次……十二日上下午令建康演放鱼雷三次……十三日上午复令四湖艇各放雷一个。闻各该舰艇等，此次演放鱼雷，收发敏捷，成绩均佳……十四日王司令……拂晓率队离象山……是日五舰操备战，大操攻御……午刻抵宁波……十五晨王司令率队离宁波。……午前过东霍山，天气发生变动，风浪极大，不得已折回沥港寄锚。十六十七两日天气均极不佳，未能开行。十七晚王司令并令各舰艇大操开探海灯，并燃放火号火箭。十八晨风浪稍平，王司令始率队开回抵吴淞。十九晨除应行修整机件之湖鹏，由湖隼护送入沪所修理，又建康因燃料告罄，奉准开入高昌庙添装煤斤外，王司令当率永健暨鹰鹗两雷艇，离淞开宁，二十日晚到达。所有随队出发之军士长士兵等，经王司令均饬令回营”。弱旅无弱志，戍海之责，不容懈怠。

陈绍宽任海军部长后，马尾海军练营直属海军部。[1] 马尾海军练营为海军舰艇培养专业士兵，招收高小毕业生，学制三年。在训士兵称练兵，定额600名，最多时达1000名。海军练营分为舱面（含帆缆、枪炮班）、机舱（含轮机、电机班）和通信三个专业，后增设军士长（即士官）班和簿记班。“海军士兵入伍后为二等练兵，先在海军练营受两年训练，期满升为一等练兵，派登练船受训，练习风涛，习惯海上生活。受训一年，期满经过考试给予证书，然后按名次顺序派补各舰、艇、船为三等兵，再按资历成绩渐至各兵种军士长”[2]。

1　马尾海军练营的前身是清光绪十年（1884年）李鸿章在旅顺口设立的北洋水师练营。中日甲午战争后，旅顺被日军侵占，旅顺水师营迁入山东烟台。1912年改称海军练营。1926年8月，烟台海军练营迁入马尾，称马尾海军练营，隶属海军马尾警备司令部。

2　《郑天杰先生访问纪录》，“中央研究院”近代史研究所“口述历史丛书”（21），1990年，第88页。

海军官兵在舰上操练鱼雷

马限山下马尾海军练营练兵训练照

马尾海军练营练兵演习操练

舰上海军演练射击

舰上官兵演练出舢板

海军在马江操练

“楚有”军舰士兵操枪训练

“楚观”炮舰操练

“威胜”炮舰操炮训练

“威胜”炮舰操枪训练

“逸仙”炮舰操练

“通济”练习舰操炮训练

“德胜”炮舰操炮训练

“永绥”炮舰轮机兵操练手枪

“诚胜”炮艇打靶演练

“江犀”炮舰士兵训练验枪

“江宁”炮艇操练

“江元”舰长杨树韩（右一）到“江贞”舰向检查工作的陈绍宽（右二）汇报

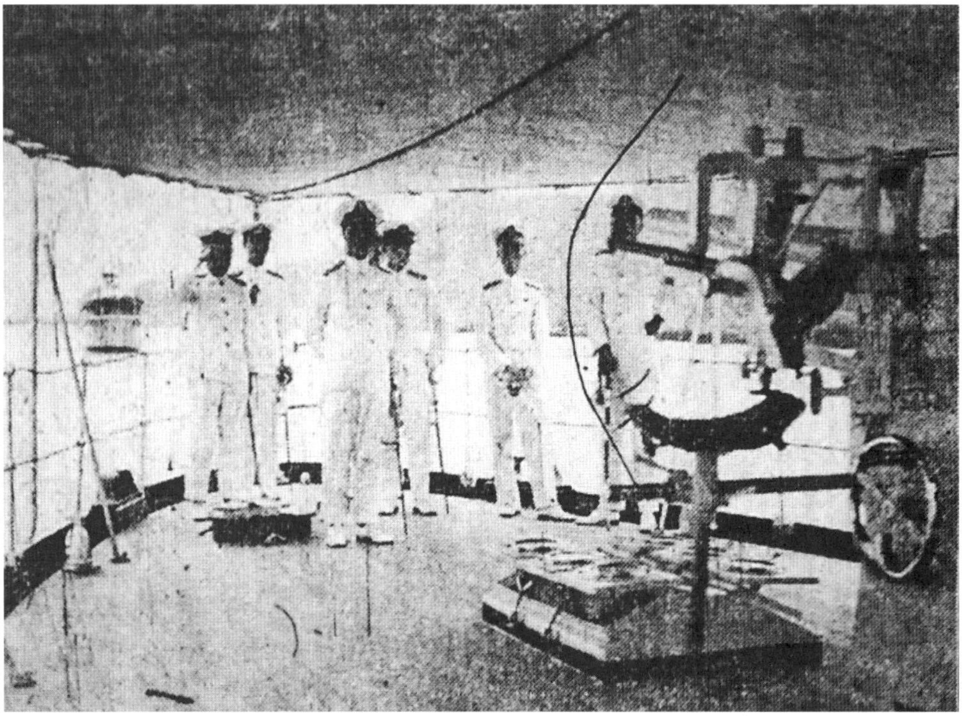

陈绍宽（左三）和第二舰队曾以鼎司令（右二）在“正宁”舰校阅

陈绍宽（前排左五）与第二舰队官佐在舰上合影

陈绍宽还请陈季良挂帅，成立全军校阅委员会，定期对全军各单位、各岗位进行严格的专业检查，沙场点兵修武备，补齐短板升战力。

海军校阅委员会全体校阅委员合影

陈季良检阅水鱼雷教室

陈季良检阅“楚谦”舰边炮

陈季良检阅海校军事训练

陈季良检阅“江贞”舰

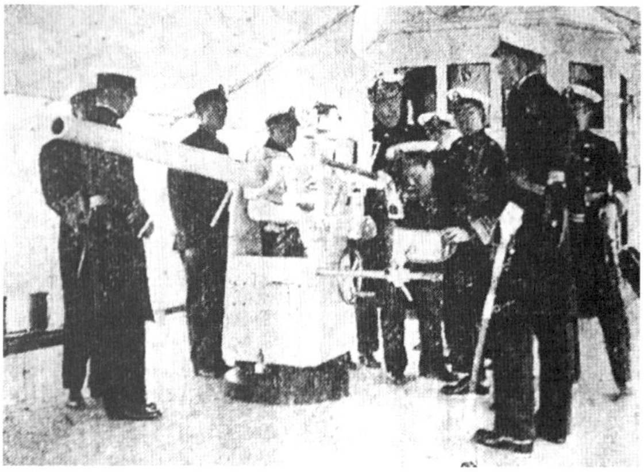

陈季良检阅“正宁”炮艇

陈季良检阅海军航空处机场

陈季良检阅“湖鹏”鱼雷艇

陈季良检阅“海容”巡洋舰

四、提升全军素质

自1933年7月起，陈绍宽领导的海军部通令全军士兵教授夜课，由舰长督舰上各官佐轮流担任夜课教授，以提高水兵的业务专能。

1934年7月10日，陈绍宽以提高军官素质、培训在职舰长为目的，在马尾创办海军大学，校址设在海军马尾旧司令部，另在它的右边建一座楼房为教室。海军部长陈绍宽兼任校长，海军马尾要港司令李世甲兼任教育长。囿于时间紧迫和经费有限，仓促聘请日本海军大佐寺冈谨平和海军法律顾问法学博士信夫淳平讲授军事和国际公法。林元铨等舰长认为，“日本侵华之心昭然若揭，请日人讲学，是与虎谋皮”。于是召集23位舰长，于11月23日联名向国民政府主席林森上请愿书，告陈绍宽私聘日本海军教授，要求解除日籍教官。

陈绍宽因23位舰长“控告”，即将海军部事务交陈季良代理，离开南京到上海。11月28日再以“才疏力弱，难胜重任”，呈请辞去本兼各职。

11月30日，蒋介石请孔祥熙“代劝其速回，并问其补救处置之道”。12月1日，陈绍宽电呈蒋介石，称：“绍宽猥蒙知遇，未报万一，讵以诚信未孚，致遭横流之变，有负信任，贻羞国人，追思咎戾，无任痛心，辞职待罪，实非得已。”蒋介石则以“该部长佐理中枢，备著勋勤。值此国难方殷，讵容高蹈，务望勉抑谦怀，共济时艰”，未同意其辞职。最后由行政院决议给予病假一月。陈绍宽在两个月后始销假上班。

等級 機密 | 名 案 | 檔號
註銷
陳紹寬請辭海軍部長案
23
325.7/7529
資料來源：海軍總部
機密調整登記
依海軍總司令部(94)洋泰字第0940000316號函註銷 94年4月11日
中華民國 24 23 年 4 11 月 起 止

陈绍宽请辞海军部长案

1935年10月10日，海军在福州举办第一届联合运动会。海军部各机关、全军各舰艇计三十六个单位，一千余名选手参加为期六天的田径、全能、游泳、水球、足球、篮球、排球、网球等项角逐。体训成为海军军训的重要组成部分。

陈绍宽治军，要求军人有健壮的体魄。这为之后全面抗战中海军官兵携带重磅水雷潜往冰冷凛冽的江河中作战，打下了基础。

福州体育场举办第一届海军联合运动会

福州海军学校参赛选手合影

福州海军学校参赛水球队

跳远竞赛

福州海军学校所获奖杯

福州海军学校获总分第一

福州海军学校足球队与英舰官兵足球队比赛时的合影照

陈绍宽任上置办的用于海军健身的南京海军体育场

《海军期刊》1931年第4卷第2期刊载的南京海军体育场内新建的海军士兵联欢社

海军士兵在联欢社内联欢

陈绍宽亲自为获胜的球队颁奖。陈绍宽以身垂范，“克勤克俭”办海军，当时用的颁奖台是一张课桌，颁奖台的阶梯是一张办公椅

陈绍宽为各部体育赛事赠送奖杯，以资鼓励

马尾海军运动场

陈绍宽批复由马尾造船所为马尾海军练营新建的游泳池

“应瑞”舰越野赛跑得奖选手

水鱼雷营营长与篮球比赛优胜队合影

“自强”舰足球队合影

“海容”舰选手在庙岛比赛舢舨所获锦标和奖杯

海军学校校长与游泳成绩最优学生合影

参加闽侯县运动会的海军学校足球队

水鱼雷营足球队合影

水鱼雷营篮球队合影

“勇胜”炮艇篮球队合影

海军足球比赛冠军队“大同队”

“顺胜”炮艇篮球队

“建康”军舰篮球队

海军练营体育会第一届越野赛选手合影

水鱼雷营排球队决赛

足球赛优胜队水鱼雷营队合影

海军陆战队三团与练营篮球比赛后合影

“应瑞”舰体育会第一届游泳及水球优胜选手合影

海军练营体育会第一届总锦标颁奖典礼

“楚谦”舰士兵操演武术

海军陆战队二旅二团二连参加江西安义第一届运动会团体操获得锦标后合影

"楚有"舰官兵在京与舢板驶风竞赛优胜者合影

海军练营体育会第一届游泳暨篮球比赛优胜选手颁奖典礼合影

水鱼雷营练习班组织足球队

“应瑞”舰官员练习太极操

水鱼雷营士兵练习太极操

海军全军推广太极操，强身健体

五、培养人才

陈绍宽秉持“百年大计，树人第一”的理念，践行“训练人第一”的建军思想，这与船政倡导的“船政之兴衰在于人才的培养”一脉相承。他十分注重海军人才的培养，倾力扩充海军教育，增招海校生，增设制造、军用化学、航空、气象等科目，并从1929年到1937年先后组织91人到各国学习。

陈绍宽（前排中央）与总教练官古乐门（前排右二）在海军军官学习战术毕业后与该批官佐合影。前排右一为“建康”舰长傅成，右四为鱼雷队参谋李葆祁，右五为“湖鹗”艇长蒋元福，后排右起为海军部科员史国斌、“列”字艇长卢文祥、“宿”字艇长高鹏举、“湖鹏”艇长熊兆、“湖鹰”艇长叶水源。其中卢文祥在与日寇的不对称海空战中壮烈殉国

海军部为造就航海专才，与英国驻华公使蓝浦生在南京签订《海军援助协定》，达成在英国训练中国海军军官、英国派遣人员帮助中国海军训练、中国购买英舰等协议。图为1929年入英国格林威治皇家海军学院学习的中国海军军官照，这批海军精英学成回国后在抗战中大都成为布雷、守垒的前线中坚

海军部成立后将海军学校驾驶班定制为“八年毕业（校课五年，舰课二年，军官学校一年）。……除校课修业期满放假一月外，概无年假暑假”[1]。“为海疆备干城之选，为国家储有用之才”，培养了近代海军“军事素养精深的一批领导干部，他们对我中华民族海权的发扬有着至伟的贡献”[2]。尤为难得的是还培养了船政军人“一日为海军，终身为海军”的情怀，恰如陈绍宽所概述的“海军要忠于国家，海军军人要忠于海军”。

1　《海军学校规则摘要》，《海军公报》1934年第59期，第111页。

2　徐学海：《海军学校在桐梓抗战时期的课外活动》，《海俊通讯》2004年第80期，第10页。

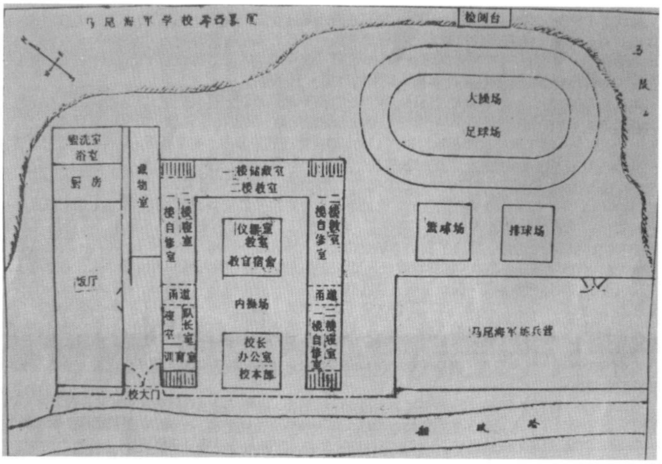

福州海军学校航海班第九届毕业生陈克手绘校舍平面图[1]

福州海军学校

1 陈克：《往事回眸》，《海俊通讯》2004年第84期，第30页。

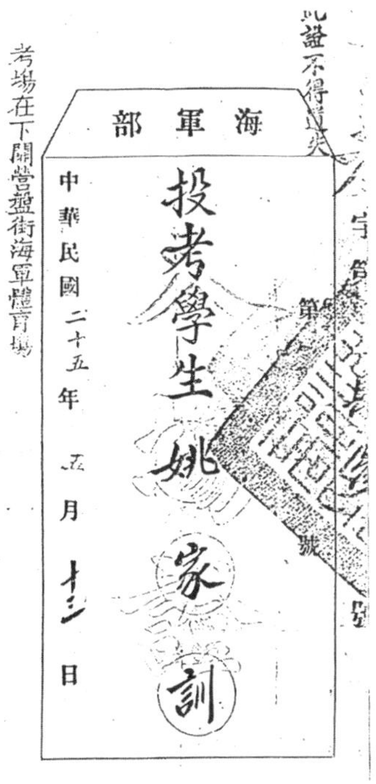

海校生入学考试准考证。《海军公报》1930年第11期以《海军考取新生纪述》报道："本部此次添招航海、轮机学生，先后保送来部，经测验合格者计一百一十四名。十六早七时半，投考各生齐集该部大礼堂，按名报到，由陈代部长亲自验对照片，逐一分给试卷入场。上午考试国文，下午英文，次日上午考试算学，下午由招考学生委员会将弥封各试卷分别拟定份（引者案：'份'当是'分'之讹）数后，当晚即召集各委员全体会议并评定合格各生名次，计录取孔繁均……等九十七名，于十八晨揭晓；限令入选各生即日填具志愿书及保证书来部报到。二十日上午八时，陈代部长召集各生训话，勖以劬学耐劳，造成海军后秀……各生聆训之下均甚感奋。旋即全体摄影。即由'靖安'舰长欧阳勣等带往驻泊下关之'应瑞'军舰参观，下午并分乘汽车拜谒中山陵，至晚即登'靖安'运舰。该舰于二十一早由京开行，过沪时因量制各生服装，稍事停留，嗣即开闽，已于二十九日到达马江，送入海军学校肄业。"[1]

海军学校招生考试

1 《海军公报》1930年第11期，第232—233页。

海军部第三届新生照

海军部举行海军官佐考试

1930年福州海军学校航海班第五届学生合影

福州海军学校第三届毕业生在“通济”号练习舰实习期满后与校长、教官合影

1932年夏，福州海军学校第四届航海班毕业合影

毕业于海军学校第九届航海班的陈宗孟说：“马尾海校这所历史悠久的中国近代海军第一学府，应该说自从成立之日起，就始终如一地强调爱国主义教育，尤其是甲申中法马江之役，我福建水师蒙受全军覆没之辱，激励校方更加重视爱国主义教育，成了该校代代相传的优良传统。记得我们百人1936年5月27日步入马尾海校大门，上的第一堂课就是让我们列队到校海史展室去瞻仰我海军先烈的遗像、遗物，给我们触动最大，印象最深的是那件牺

牲于马江之役一位管带（即舰长）的军上衣，衣上还留有烈士的脑浆残痕和血迹！还有就是陈示甲申和甲午两次海战的敌我态势沙盘，这真是我中华民族的奇耻大辱啊！但是这决非这些宁死不屈、奋勇拼搏、壮烈殉国的中国海军将士之过，他们尽到一个爱国军人的天职！他们是中华英杰，是我们终身不渝的学习和仿效的榜样！还有一年一次的公祭甲申、甲午两次海战殉国烈士的盛大悲壮、肃穆的祭奠场面，更是至今仍历历在目。”[1]

海军部于1933年2月行文全军，规定每年公历8月23日和9月17日为马尾昭忠祠甲申、甲午两役诸先杰殉难纪念日；1936年7月，再度行文规定《马尾昭忠祠海军祭奠议程》，以昭重典

当时期刊上刊载的惊涛骇浪中的海军军人生活状况照，“长天作被，大海当床”，“军舰是我们的摇篮，整年在海上漂荡”，当时海军中流行一句诗是：“我们是海的儿子，我们的荣誉是葬身海上。”

1　纪墨：《重庆舰人》，第363—364页。

各舰舰长就职，必须在舰上举行隆重的升旗和宣誓仪式

舰上士兵早操唱军歌

“海筹”舰员谒中山陵。当时军舰停泊南京，都要组织官兵集体参谒中山陵

节庆日在舰举行隆重的升旗仪式

福州海军学校学生每日的升旗敬礼仪式

除了树立爱国精神，海军学校也注重切实培养学生各项海军技能与素质。1931年第20期《海军公报》刊载的《二十年一月份海军部工作概况》中介绍了当时的训练情况："部派练习舰队司令陈训泳，率领海筹应瑞两舰，并带同练生练兵等，南航巡弋……该两舰适于新年巡抵马江。练生练兵等，曾经实地参观马尾造船所、海军练营、海军学校、制造飞机处，并考察各要塞炮台。……五早八时……两舰开往金门巡弋。八早离金门南航至汕头，当晚到达。十晨离汕南航，至晚次平海。十一早驶抵香港。十三日由香港抵虎门。十四日上午十时驶抵黄浦。……十八日该两舰又开往中山港，当晚寄锚唐家湾。十九日舰抵大鹏湾。二十日复梭巡邦亚士湾，并澳头、平海湾等处。二十一早出巡香海湾。……二十二日上午九时巡抵铜山，舰中练生等又由郑教练官带领登陆参观。嗣即开赴厦门。二十二晚六时到厦。二十八日复离厦沿途巡弋崇武、湄州、南日等处。至二十九晚五时抵观音澳。三十早开赴三都，当晚到达。"

陈绍宽任内对基层海军官佐加强各种专项技术培训，尤其重视海军官兵的水鱼雷战技培训。"陈式规范"下的严格的教学培训体制，为之后的抗日战争储备了一大批优秀人才。

1934年，海军学校第六届航海班毕业合影

陈绍宽任内建立的海军水鱼雷营

海军水鱼雷营雷库

新造鱼雷

海军水鱼雷营雷库内部景观

左为新型鱼雷发射器，右立者为时任海军水鱼雷营营长的邓兆祥

海军水鱼雷营部分官佐合影

海军水鱼雷
营营区内工作照

官兵在码头将鱼雷装入艇中

海军鱼雷艇进行实弹演习

“海筹”舰（左照）与“建康”舰（右照）演放鱼雷

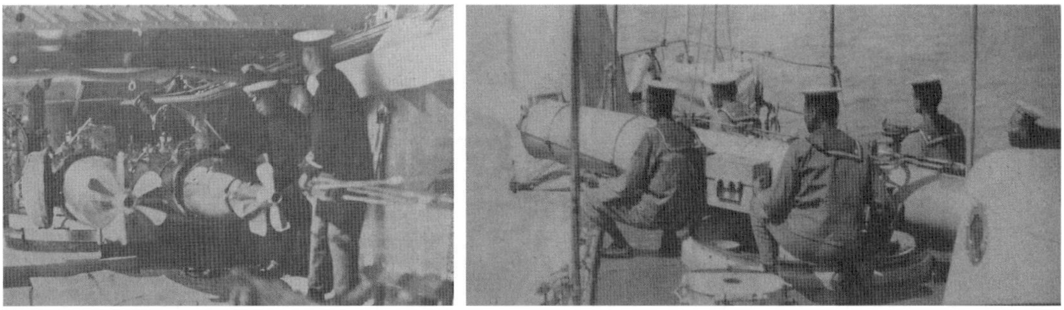

“宁海”舰（左照）和练习舰（右照）秋操演放鱼雷

海军水鱼雷营第一届雷机班毕业生合影

海军水鱼雷营第二届水鱼雷士官班毕业生合影

海军水鱼雷营航海班毕业合影

海军水鱼雷营第四届水鱼雷班毕业合影

潜水碰雷安放准备

陈绍宽在“咸宁”舰试验水雷

海军水鱼雷营第二届电信班毕业合影

海军水鱼雷营第二届无线电班毕业合影

六、谋划海空一体

陈绍宽早年在欧美考察海军并亲历欧洲一战，这种经历，让这位中国近代海军领航者具有恢宏的海军建设视野：“现代海军在海战时，欲取攻击手段，必有赖于舰上所载的飞机。”为追赶国外先进国家的海军，陈绍宽在其任内，力所能及地开展了海军飞机制造和海军飞行员的培养，以谋划制空。

1929年6月，海军部指令厦门要港司令部就厦门选点建立航空处、飞机厂和水上飞机落水道。翌年1月于厦门岛曾厝垵兴建机场，占地面积约19.6万平方米，内分储机场（可容10架小型机的机库）、办公室、修理厂、动力厂、发电所、无线电房、测候室、保存库、水下码头等，4月建成。此前，

海军飞潜学校第三届航空班毕业生飞行考试

1929年8月购回英国教练机4架，命名为“厦门”号、“江鸥”号、“江鹈”号、“江鹏”号。厦门航空处以陈文麟为处长兼飞行教练官。工程完成后，乃将在上海受训的飞行员4人调回厦门，作为第一届航空学员，1930年冬毕业，任命为少尉飞行员。第二届招新生9名，1931年夏毕业。同年招第三届航空学员8名，1934年8月毕业。后因经费困难，停止招生。

1933年2月，上海海军航空处移设厦门，沪、厦两处人员合并改编，规模较前扩充，编制处长为少将或上校级，下设总务、军务、机械三课。此时已拥有教练机、侦察机、轰炸机三个中队17架飞机。1938年2月航空处奉令裁撤停办，人员均调往参加抗日战争。

海军飞行员

海军飞行员胸前佩戴的海军航空徽章

海军航空徽章图案

海军新购飞机试飞后飞行员与新机合影

海军飞潜学校第三届航空班毕业考试现场

海军“江鸥”号飞机到象山港参加演习

海军“戊二”号飞机由沪飞甬

海军“戊二”号飞机驾驶人员等合影

何启人，福建厦门人。1934年毕业于福州海军飞潜学校第三届航空班。毕业后派漳厦（今厦门曾厝垵）海军航空处水上飞机场担任飞行教官、飞行员。全面抗战爆发后，任恩施第九飞行场少校飞行员

何启人任恩施空军第五十七航空站中校站长时，某日，飞虎队队长陈纳德的座机由于通信设备发生故障，无法与地面取得联系，只得在上空盘旋。由于恰在晚上，地面部队根本无法看清飞机，大家都怀疑是日军的飞机，认为应该马上把它射落。但何启人担心万一是飞虎队的飞机，损失将非常惨重。于是，他一面下令打开航道灯，一面命令高射炮严阵以待。当飞机降落后从机上走下来的是陈纳德将军时，大家才不得不佩服何启人的冷静

建于南京的航空烈士公墓。在与日寇的抗争中，我国共有6164名飞行员和地勤人员阵亡或殉职，7897名官兵伤残[1]

---

1 转引自“我与白云相看笑”的新浪博客《（南京）抗日航空纪念馆Ⅰ》，2014年12月14日，http：//blog.sina.com.cn/s/blog_6c2b1b890102vii8.html。

七、武备强军

1. 建造舰艇

前面提到，蒋介石曾称要为海军造舰60万吨，但这仅是安抚陈绍宽的权宜之计。此后几年，蒋介石“出于实行‘攘外必先安内’的需要，海军建设在南京国民政府国防建设中始终摆不上重要位置，经费无着，蒋介石初期许下的造舰60万吨、建设海军一等强国的诺言，则只能成为泡影”[1]。一年算下来，海军部至多只领到三分之一有余，不足三分之二的经费。

但是陈绍宽治理下的海军部克勤克俭，通过精简机构，节省下605名的空额，用于海军建设。陈绍宽更是将自己的海军署长津贴和后来的部长机密费如数捐出，做到按月发饷，同时尽量做建设工作，从未有任何停顿，就像他自己在《海军部成立六周年纪念特刊发刊词》中所述：“无日不以海军建设为职志。”如水鱼雷营、海军上海医院等机构，虽无经费，还是勉力筹划。陈绍宽放下航母梦，切切实实地“利用海军部管辖的海军船坞，为外国修理和制造舰船，从中提取利润，解决海军的兴办经费，用以购船、制舰，改造一些旧舰，并培训和安置海军人员，力求扩充和壮大海军实力”[2]。为充分发挥江南厂造舰作用，陈绍宽还一度亲自兼任江南造船所所长，亲力亲为，协调各方，以示重视。陈绍宽力求通过自身努力，让中央政府对海军加以重视，俾助提升海军力量。北伐时期力助北伐军击败北洋军阀，获“中流砥柱”大勋旗的陈绍宽，值此逆境之中，重显驾海金梁的作用。短短的八年间，弱小的中国海军舰艇总吨位从3万多吨提升到4.4万多吨，舰炮由183门提

1　海军司令部《近代中国海军》编辑部：《近代中国海军》，海潮出版社1994年版，第915页。

2　张墨、程嘉禾：《中国近代海军史略》，海军出版社1989年版，第380页。

升至299门。

1931年2月21日，陈绍宽在中央广播电台发表演说指出，建设海军的治标办法为先购巡洋舰和潜水艇，治本则需建设60万吨之各类军舰；还应在胶州湾、象山港、大鹏湾分别建设军港。但陈绍宽上报蒋介石的造舰计划，均石沉大海。

江南造船所部分干部在办公楼前合影

江南造船所施工现场

1928年，陈绍宽（前排右三）出席江南造船所自制的“咸宁”舰下水仪式

“咸宁”舰下水典礼

“咸宁”舰下水试航

“永绥”舰试航

1930年“民权”舰下水典礼，前排右起第八人为陈绍宽

“民权”舰下水前

“民权”舰从船坞滑下水的瞬间

1931年造成“逸仙”、“民生”两舰。前排左三为为“逸仙”舰安放龙骨之陈绍宽

“逸仙”舰建造照，陈绍宽打下第一根铆钉

陈绍宽（前排右三）、李世甲（前排左三）与“逸仙”舰海军督造官合影

“逸仙”舰试航

1931年，海军部用东北大豆折价，向日本船厂订制“宁海”号巡洋舰。1936年在上海仿造出一艘同型号巡洋舰“平海”号。

陈绍宽在“民生”舰下水典礼上

在日本石川岛播磨船厂建造中的“宁海”号。该舰于1931年2月20日安放龙骨，同年10月10日下水，是中国海军向日本订购的最先进军舰，亦为民国以来外购的最大型军舰，造价为法币432万元

“宁海”舰于1932年8月26日驶抵上海，9月1日举行升旗典礼，陈绍宽莅舰参加典礼。该舰建造期间发生“九一八事变”，故于1931年10月10日的下水礼中，中方出席人士寥寥无几。在接踵而来的淞沪“一·二八事变”期间，时任海军部长陈绍宽顾忌尚在日本未交付的“宁海”号，下令海军未接政府命令前暂不得参战，备受诟病。但当该舰驶回中国上海外滩时，民众争相观看这艘当时中国海军最先进的军舰，以致万人空巷。

陈绍宽莅舰参加典礼，校阅舰上官兵

陈绍宽在“宁海”舰升旗典礼中向军旗致敬。此刻的陈绍宽，或许会想起自己在1932年6月1日海军部成立三周年纪念会上对全体海军将士的讲话：“本军每月应领的经费本是五十万，但在过去的一年之中，没有一次领得完全。其中有两个月且分文未曾领到。有的只领到十余万。一年总算，至多本部只领到三分之一，不足三分之二。其实若连本部经费计算，月共六十万，每年即应有七百二十万，而所领到者只三四百万。在这种情形之下，我们应该这一年都得发半饷。但是本部克俭克苦的支配，在从前还是按月发饷，就是现在，也不过相差三四星期。并且不但做十足的事业，一方面还是尽量的去做建设工作。不是因为战事的阻碍，从未有任何停顿，如水鱼雷营、海军上海医院，虽无经费，还是勉力筹划。……并不是因为国难期间，经济发生问题，我们就全不进行。再说在这国难当中，在经费十分窘迫的状况之下，我们还有一最大的建设来报告大家：就是新造的一只最大的军舰宁海，在上月已经完工。……前月本部派李司长往厦门福州等处，向商家借钱，结果只借到二十万，当即还给造船公司，使得造船工程，不要停顿，并使得他们明瞭我们困难的情形。这笔借款是分月摊还，昨日还归还一期。我们在这山穷水尽之秋，一方面维持现状，一方面仍在建造新舰。”[1]

“宁海”舰部分官兵在舰首合影

1　《海军期刊》1932年第4卷第11期专件，第3—4页。

1931年6月28日陈绍宽为江南造船所制“平海”舰打下第一根铆钉。原定1933年10月10日下水的“平海”舰，接连遭遇“九一八事变”与淞沪“一·二八事变”，日本借机卡住零件供应与技术支持，延至1935年9月28日，“平海”舰才得以下水

海军江南造船所大门

海军江南造船所出入证章

1935年9月28日，江南造船所制造的“平海”舰终于下水，陈绍宽出席下水典礼

“平海”舰下水纪念章

“平海”舰下水照

“平海”舰下水试航

1933年至1934年，海军部先后建成同型号炮艇10艘，即“江宁”、“海宁”、“抚宁”、“绥宁”、“威宁”、“肃宁”、“崇宁”、“义宁”、“正宁”、“长宁”。

陈绍宽委托时任鱼雷游击队司令的王寿廷将军（前排右一）为“抚宁”、“绥宁”炮艇安放龙骨。前排右三为刘孝鋆，时任鱼雷游击队参谋

1933年“抚宁”炮艇下水试航

1933年“绥宁”炮艇下水试航

“威宁”炮艇安放龙骨典礼

“肃宁”炮艇安放龙骨典礼

“威宁”炮艇下水典礼

“威宁”炮艇

陈绍宽为“崇宁”炮艇安放龙骨打下第一根铆钉

“崇宁”、“江宁”两炮艇下水典礼，左五为王寿廷，右四为刘孝鋆，右二为叶在馥

“正宁”、“长宁”炮艇安放龙骨典礼

同时，海军部还改造“中山”、“大同”、“自强”、“德胜”、“威胜”、“顺胜”、“仁胜”、“义胜”、“勇胜”、“诚胜”、“青天”等舰艇。

中国海军所辖的造船厂有能力为国家制造炮舰，但蒋介石当局“重陆轻海”，不愿在海军建设上多花钱，一减再减，以致1937年拨给海军的国防建设费，少到只够打造1艘炮艇，还不及日本海军每年经费的1/200。老海军人方莹当年曾悲愤难抑地说：“江南造船厂，在一次欧战时已能造一万吨的船舰，曾给美国造过四艘，我们的政府却没有在自己的造船厂定造过一条。”

江南造船所为美国建造的长江炮舰。1922年到1927年，海军江南造船所为美国新建了6艘长江炮舰，其较浅的吃水深度可以沿江上行到重庆市

江南造船所为美国海军建造的“关岛”号炮舰

海军江南造船所曾为美军建造了“关岛”号炮舰。该舰排水量350吨，长48.59米，宽8.25米，吃水1.6米。发动机功率950马力，舰员70人。配备2门76.2毫米主炮，8挺刘易斯机枪。建造完毕之后，该舰于1928年12月28日进入美国在中国长江内河船队服役。同年，该舰被归类为内河炮艇。20世纪30年代，该舰进行了现代化改装，并且开始执行无线电侦察任务。1941年1月，更名为“唤醒”号。日美开战后，该舰被日军俘虏，被划归到日本海军之下，改名为“多多良”，并开始改装。日军投降后，美国海军并未接收该炮舰，而是转交给国民党海军，国民党海军将其改名为“太原”号。1949年4月23日，“太原”号起义，4月30日，国民党空军出动轰炸机将其炸沉在南京燕子矶。很快，人民海军将其打捞出水，之后一直服役到20世纪60年代。

江南造船所为美国海军建造的“吕宋”舰（LUZON）

江南造船所为英国海军建造浅水炮舰

2. 增建设施

1931年，海军部在江南造船所西南端的高昌庙试炮台修建海军医院新院舍。次年年底竣工，海军上海医院迁入新址。

1934年5月，在陈绍宽主持下，海军部于南京草鞋峡旧参将衙门附近购地建筑国家级的海军将士公墓，并附设殡舍，为海军人员安灵寄骨之处。

海军上海医院新院舍

海军上海医院全景

海军上海医院落成开幕照

整修后的海军南京医院

海军将士公墓

1933年，由萨福均担任工务司长主持建成的我国最早的火车轮渡——南京下关火车轮渡，于10月22日举行隆重的通航典礼。三千人出席，“颇极一时之盛”。

当时《海军杂志》上刊登的南京下关火车轮渡现场照

江南造船所建造的火车轮渡“京浦轮渡”

1935年，马尾造船所决定在美商废船坞旧址上兴建二号船坞，翌年3月竣工。新船坞长114.3米，宽18.6米。当时有人讥笑在马尾建船坞只能养鱼。建成后的马尾新船坞，不但能修理我国舰船，还承接修理国外大型舰船业务。陈绍宽笑对部将曾国晟说：“很好，没有养鱼吧！”

马尾新船坞

海军江南造船所三号船坞，长198.1米，宽24.4米，吃水8.5米，可供2万吨级的轮船进坞修理，是当时上海最大的船坞

3. 制造飞机

中国海军在谋划制空的同时，也着力于海军舰载飞机的制造，从有限的经费中抽出资金，加强海军飞机的制造研发。陈绍宽任海军部长后，海军飞机制造更得到进一步发展。

（1）马尾海军制造飞机处所制飞机

位于福建马尾的海军飞机工程处创建于1918年，是我国历史上创办的第一家正规的飞机制造厂。

1927年1月，马尾海军飞机工程处制成双桴水上教练机“江凫”号（“戊型二号”）。“江凫”号动力为100马力（后期提升为120马力），机高3.72米，长7.82米，翼展10.80米，最高时速145千米/小时，空机重量700千克，载重重量930千克，飞行高度2970米，滞空时间3小时，续航力450千米，可装炸弹4颗，乘员2人。

“江凫”号

1927年4月，马尾海军飞机工程处制成双桴水上教练机“江鹭”号（“戊型四号”）。“江鹭”号动力为120马力，机高3.75米，长9.15米，翼展11.50米，最高时速165千米/小时，空机重量620千克，载重重量920千克，飞行高度4260米，滞空时间3小时，续航力500千米，可装炸弹4颗，乘员3人。

1927年9月20日，马尾海军飞机工程处制成“戊型三号”双翼双桴水上教练机。该机动力为90马力，机高3.72米，翼展10.80米，最高时速165千米/小时。

海军飞潜学校师生与自制飞机合影，前排右十为王助、十一为巴玉藻、十二为曾贻经

左一为巴玉藻、左三为曾贻经、右三为王助

“戊型三号”双翼双桴水上教练机，机前为巴玉藻（中）、王助（右）、曾贻经（左）

1928年，海军司令部将马尾海军飞机工程处改组为海军制造飞机处，加大飞机研制力度。

海军制造飞机处

海军制造飞机处新厂落成典礼

海军制造飞机处有关人员合影

海军制造飞机处工厂内景

1930年8月12日，海军飞机制造处制成高级教练机“江鸿”号（“己型一号”）。“江鸿”号动力为165马力，机高3.78米，长8.29米，翼展10.98米，最大时速177千米/小时，空机重量730千克，载重重量1168千克，飞行高度4800米，滞空时间8小时，续航力1230千米，可装炸弹4颗，乘员2人。飞行员许成启驾驶“江鸿”号从福州飞往武汉，这是海军制造飞机处所造飞机航程最长的一次飞行，在我国航空史上具有重要意义。

“江鸿”号

1930年10月24日，海军制造飞机处制成“江雁”号（“己型二号”）。“江雁”号动力为165马力，机高3.78米，长8.29米，翼展10.98米，最高时速177千米/小时，空机重量730千克，载重重量1168千克，飞行高度4800米，滞空时间8小时，续航力1230千米，可装炸弹4颗，乘员2人。

（2）厦门海军航空处所制飞机

为解决海军经费无着问题，1924年杨树庄从皖系军阀臧致平手中接管厦门后，盐务、税收、财政等收入全归海军处理。海军在马尾成立闽厦海军警备司令部，建立马尾和厦门两个要港司令部。1929年6月，厦门要港司令部在厦门设立海军航空处，并建立水上飞机下水道和飞机场，即曾厝垵飞机场。机场占地面积约19.6万平方米，西端建有一座可以容纳10架小型飞机的机库。[1] 1933年2月，上海海军航空处由于场所规模狭小移设厦门，与厦门海军航空处合并改编。至此，飞机场共拥有教练机、侦察机、轰炸机计三个中队17架飞机。同年7月，飞机场的水上飞机下水道由于频繁使用而损坏重建，并于10月完成。航空处先后有三届共21名学员学成毕业。

1929年初，陈文麟奉命赴英国爱弗罗公司购买“阿维安”型飞机4架，分别命名为“厦门”号、“江鹈”号、“江鸥”号、“江鹕”号。陈文麟被任命为厦门航空处处长兼飞行教练官。

1937年春，陈文麟与航空处机械科科长潘鼎新参考从英国购进的爱弗罗594教练机，对其机身结构略作修改，由技工屈维榕绘图，组织工人利用爱弗罗594飞机备份发动机，在3个月内造成一架双翼水陆两用飞机，命名为“江鹊”号。该机机身与机械设备全部在厦门加工制造，动力为85马力，机高2.50米，长7.40米，翼展8.90米，最高时速157千米/小时，空机重量468千克，载重重量772千克，续航力768千米，乘员2人，并在上海换装100马力引擎。为了验证该机性能，7月19日由陈文麟驾驶新机在空中表演各种飞行动作约40分钟。该机虽命名为“江鹊”号，但新闻界和民间常沿用旧称，称其为“厦门”号。7月20日，陈文麟同潘鼎新驾驶“江鹊”号自厦门曾厝垵机场起飞，开始全国飞行。

1 1938年2月6日，因抗日战争局势紧张，海军部决定裁撤海军航空处，曾厝垵飞机场被废弃。

厦门海军航空处

海军航空处飞机列队准备出发

“江鹄”号

陈文麟（左）、王助（中）、潘鼎新（右）与“江鹄”号合影

陈文麟、潘鼎新驾驶“江鹊”号作全国飞行

（3）江南造船所飞机制造处所制飞机

1931年1月，马尾海军制造飞机处迁往上海，并入江南造船所，继续制造飞机。

同年10月，制成“庚型”水陆两用高级教练侦察机“江鹤”、“江凤”号。两机建于同时，均先在马尾进行设计，制成大部分飞机构件，后随厂迁往江南造船所，在上海完成组装。“庚型”机不但时速快，而且是双翼可折合式的新机型。“庚式之设计与构造，虽马力与己式相同，大有差异之处。因其用途有两点之特殊，第一点为水陆教练之需，第二点为空间之经济，故此着地轮与机桴必须可以交换的，以便水陆教练；同时主翼可以折合，以省地位，于是牵动己式之设计及构造。为要满足第二点之条件，机身必须狭窄。上翼之中段与机身必须有同等之阔度，翼弦亦必须短，使其折合时不占多大地方。所以驾驶位改为前后座，配双副操纵机关。因其弦短，面积势必减少，同时翼梁又不能增长，故必须用‘高托力’之翼切形。翼与机身接续之铟件极为简单，开合需要时间不过一分钟。桴及轮之撑柱并接头各成整套的降落机。飞机重心处备有悬绳。交换时将整个飞机吊起而后与机身接连处折换，需时不过十余分钟。其他特殊处即机桴之设计，比诸旧式长方形之桴颇多改良之点。桴上面为半圆形，底为曲线V形。在空中及水上行驶，完全顺流而削减阻力。骨骼及掩板之造法多有更改。惟桴之里外仍髹刷以桐油与生漆”[1]。

“江鹤”号（“庚型一号”）动力为165马力，机高为水机3.3米，陆机3.0米，机长为水机8.2米，陆机7.18米，翼展9.822米，最高时速为100千米/小

1　曾贻经：《国产飞机》，《科学画报》1933年第1卷第9期，第341—342页。

“江鹤”号

时，空机重量为水机750千克，陆机675千克，载重重量为水机1116千克，陆机1038千克，飞行高度为水机3810米，陆机4260米，滞空时间为水机9小时，陆机10.64小时，续航力为水机1150千米，陆机1260千米，可装炸弹4颗，乘员2人。

“江凤”号（“庚型二号”），动力为165马力，机高为水机3.3米，陆机3.0米，机长为水机8.2米，陆机7.18米，翼展9.822米，最高时速为100千米/小时，空机重量为水机750千克，陆机675千克，载重重量为水机1116千克，陆机1038千克，飞行高度为水机3810米，陆机4260米，滞空时间为水机9小时，陆机10.64小时，续航力为水机1150千米，陆1260千米，可装炸弹4颗，乘员2人。该机起落架换装一对杉木机桴，即可以在水面起飞、降落。

1933年6月13日，“江凤”号在上海江湾机场进行飞行表演，6月15日，海军制造飞机处处长曾贻经同机师布里尔驾驶该机沿长江作长途飞行。他们从上海出发，经镇江、南京、芜湖、安庆、九江、汉口，6月27日飞抵岳州，

“江凤”号

拟继续飞往长沙，因机桴渗水，运回上海修理，沿江长途飞行亦中止。这次长途飞行的目的是考察飞机的性能，由于长江上的风浪大，机桴被冲撞渗漏，说明机桴的强度还不能承受较大的风浪。这次长途飞行对于海军制造飞机处改进产品，提高质量是非常有益的。随后，“江凤”号换桴为轮，改装成陆上飞机，又飞往杭州、厦门等地。

1932年12月，江南造船所制造飞机处制成“己型”水陆交换双翼折合教练机“江鹇”号、“江鷁”号。

“江鹇”号动力为120马力，机高2.75米，长7.47米，翼展9.32米，最高时速144千米/小时，空机重量409千克，载重重量765.8千克，飞行高度6250米，滞空时间7小时，续航力896千米，乘员2人。

“江鹇”号

“江鷁”号

“江鷁”号动力为100马力，机高2.75米，长7.47米，翼展9.32米，最高时速144千米/小时，空机重量409千克，载重重量765.8千克，飞行高度6250米，滞空时间7小时，续航力896千米，乘员2人。

1931年，江南造船所向日本播磨造船厂订购一艘轻型巡洋舰“宁海”号，随舰配有一架水上侦察机，即“宁海一号”。1932年，海军撰写的有关工作报告书中认为“宁海一号”飞机“不敷遣用”。因此，海军部下令江南造船所制造飞机处为“宁海”舰制造第二架水上侦察机“宁海二号”。

1933年7月，江南造船所以“宁海一号”备份引擎仿制成舰载水上双层折合翼侦察机“宁海二号”。“宁海二号”动力为130马力，安装了主、副两个燃油箱，装油31加仑。机高2.66米，机长7米，翼展9.30米，最高时速168千米/小时，空机重量600千克，载重重量806千克，飞行高度4400米，滞空时间4小时，续航力450千米，乘员1人。“宁海二号”为木质飞机，主要材料为福建杉木，“系单座双翼双桴侦察水机……其大体构造与别式无甚出入，惟设计则完全变更，以适合舰用。舰上机棚地方有限，主翼可以向后折合，上下翼阔度不等，以便储存。对于侦察之设备，机身内留有余地，以为安装摄影具及无线报通信器”[1]。“宁海二号”除了续航距离比“宁海一号”短以外，其他性能都明显好于“宁海一号”。

飞机制成后，于当年8月6日由海军飞行教官何舰和许成启分别试飞。1934年10月10日由许成启飞往南京下关，由陈绍宽主持接收仪式，交付“宁海”号巡洋舰。

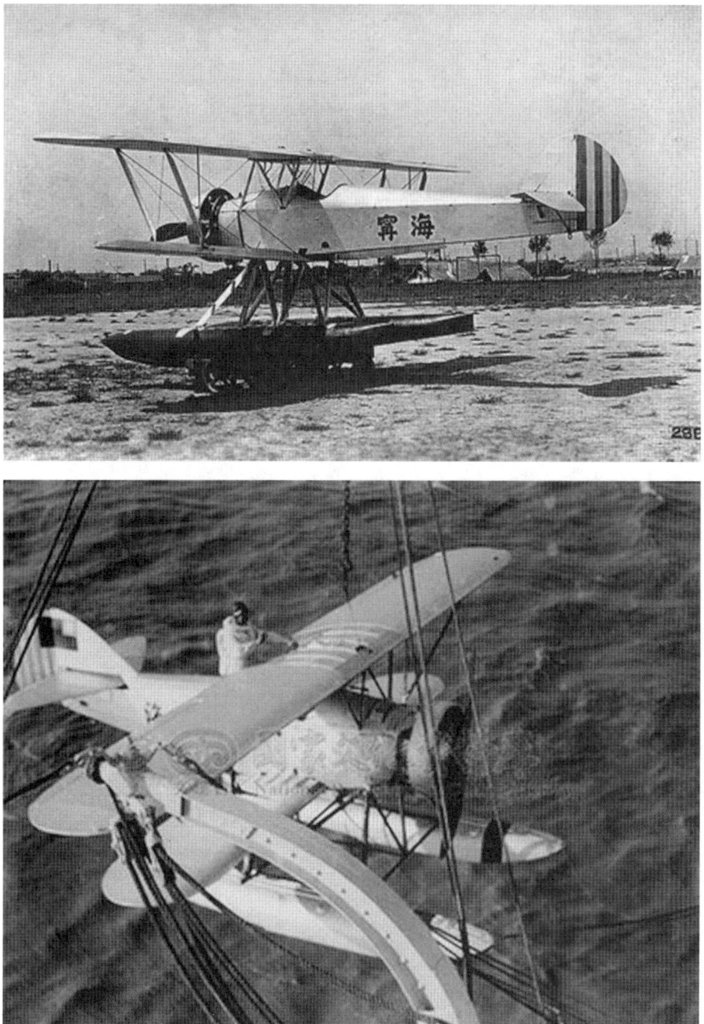

“宁海二号”

1　曾贻经：《国产飞机》，《科学画报》1933年第1卷第9期，第342页。

1934年，江南造船所制造飞机处开始仿造欧美飞机。8月，仿造英国“摩斯”式双翼教练机制成水陆兼用教练机“江鹏”号。

1935年7月，制造飞机处制成“摩斯”式水陆两用教练机“江鹦”号、“江鹉”号。

1936年12月，制造飞机处制成水上教练机“江鹚”号。

1937年1月，江南造船所制成最后一架海军飞机——教练侦察机“江鹗”号。“江鹗”号动力为120马力，最高时速169千米/小时，空机重量454千克，载重重量726千克，续航力580千米，乘员2人。

“七七事变”后，全面抗战爆发，中国近代海军飞机研制就此中断。

“江鹏”号

厦门曾厝垵机场上海军自制的“江鹦”号等飞机

“江鹦”号

“江鹉”号

“江鹗”号

4. 捍护海权

清末，中国的海道测量业务一向为外国人所把持，海军和商船所用的本国海区海图都是外国人绘制的，沿海地形、水深、潮汐、气象等数据均使用外文。直到北京政府时期，中国海关主管航行标志和海道测量的巡工司头目仍是外国人。为了把这项主权接管过来，1921年7月，海军部经与总统府、国务院、外交部、税务司商妥，决定设立海道测量局。10月，以军务司司长陈恩焘兼局长，在海军部附设办公机关。1922年2月，海军测量局成立。同月，陈恩焘出席中国海界讨论会，议定公海、领海及岛屿周围公海、领海的界线，确认中国的海域和疆界，重申了中国主权。

1923年，港英当局托英使转致税务处征询北京政府海军部，称计划在东沙岛建筑观象台。海军部以“主权所在”拒绝英国请求，并为维护我领海主权，呈请北京政府建设东沙岛观象台。北京政府饬由海军部海岸巡防处（时任处长吴振南）筹办管理。

1924年6月，北京政府海军部设立全国海岸巡防处。巡防处组建后，先后配置“海防第一号”巡防艇和“秋阳”巡防舰。鉴于中国海岸线绵长，巡防处分界设防，划分东三省、直鲁、苏浙闽、粤琼四个区域，每区设一分处。分处辖报警台、观象台与巡防艇队。1925年2月，沈家门无线电报警台成立，李景杭充任观象台少尉台员。

1926年2月，北京政府海军部训令海军总司令部，派海军陆战队进驻东沙岛，海军部咨请外交部向日使交涉，将占住该岛的日本人驱离，并经国务会议议决“东沙岛划作海军军事区域，归海军管辖”。

3月19日，北京政府在岛上建成气象台、无线电台、灯塔各一座。

4月8日，北京政府海军部海岸巡防处派许庆文任东沙岛气象台台长，黄琇任气象台测象主任。7月27日，海军海道巡防处东沙岛观象台开始运转，28日开始通报气象。这是中国人自己建造的第一个海岛上的气象机构。

同年10月，黄琇任东沙岛观象台台长。12月5日，海岸巡防处东沙岛观象台编制正式公布实施，沈有璂任东沙岛观象台少校技正，李景杭任主任，顾厚模任中尉台员。

1929年6月1日，南京政府海军部正式成立。7月19日，成立于1926年5月的苏浙闽巡防分处奉命裁撤。11月1日，海军部公布《海道测量局暂行条例》，局长为少将级，设测量、制图、海务三课，并设技术主任一员。1930年5月21日，黄琇再任东沙岛观象台台长。1931年4月14日，黄琇调任厦门气象台台长，李景杭继任东沙岛观象台台长。

1931年“九一八事变”后，法国人乘日本侵略中国东北之际，于12月4日声称对西沙拥有所谓的“先占权”。中国政府于次年7月28日驳复法国外交部。

1933年4月7日至12日，法国又派炮舰侵占南海九小岛，但并未立即公布该消息。7月25日至26日，法国公开宣布占领南海九小岛后，南京国民政府外交部照会法国驻华使馆抗议并声明主权。7月25日，汉口党务整理委员会致电外交部，称法国占领九小岛“有损我领海主权更足影响全部海防”，要求外交部“切实查明，严提抗议以保领海主权”。7月30日，国民外交后援会发表通电，对法人的暴行“誓必奋斗到底”。8月5日，行政院训令外交部切实对法交涉。此后，中国政府与法国围绕南海诸岛问题进行了长达六年的外交交涉。“九小岛事件”促使民国政府增强对南海诸岛的有效管辖。鉴于“九小岛事件”中对被占岛屿名称和位置一无所知，民国政府于1933年5月成立了水陆地图审查委员会，由内政部、外交部、海军部等部门派员组成，对疆域内各岛礁的中英文地名统一进行审定并完成南海诸岛的测量和地图编制工作。

1935年1月，水陆地图审查委员会审定公布了《中国南海各岛屿华英地名对照一览表》，包括136个岛礁滩沙名称。

1935年4月，海军海道测量局完成了南海诸岛的实地测量，水陆地图审查委员会审查出版了《中国南海各岛屿图》，详细标明南海诸岛各岛礁的具体名称和位置。海军部还规定由海道测量局测绘中国海图，令各国不得自行测绘中国领海，实现中国海权的自审权。

同年春，广东省建设厅农林局也提出加强东沙群岛管理，“以辟富源而维国土”的建议，经广东省政府批准，设立了东沙岛海产管理处，任命梁权为管理处主任。3月，梁权和广东第一集团军总司令部参谋林冠英、海军司令部参谋胡应球等率员前往东沙群岛巡视，回来后建议按照当时国际惯例把东沙群岛领海权定为12海里。同时将东沙岛海产管理处改名为东沙群岛管理处，“以符行政上之设置，以杜外人借口”。经广东省建设厅呈请广东省政府审核，“俯准照办”。5月，胡应球编写《奉派调查东沙岛报告书》，详细记述了东沙岛的位置、面积、礁堤、暗礁、底质、气候、淡水、物产等情况。

对于西沙群岛，广东省政府早在1911年就宣布将其划为海南岛崖县管辖，之后加强对西沙群岛的调查与治理。1936年，国民政府在西沙群岛设立气象台、无线电台和灯塔。

对南沙群岛，当时的中国政府采取了一系列举措，如派军驻守太平岛，设立观象台和无线电台等。

1930年，海军部成立扬子江引港传习所，培养有资质的领港引水员，规定持证上岗，收回引水权

配套组建的海岸巡防处，下辖东沙群岛气象所，厦门、坎门、嵊山报警台等机构，专管内海气象报告及海难船只救助报告等。图为海岸巡防处部分官佐合影

海岸巡防处部分官佐合影，前排左三为海岸巡防处处长吴振南

海道测量局部分官佐在海道测量局的合影

在沪的海道测量局旧址

海道测量局测量队乘车出发

海道测量局海州测量队在民船上锤测沿岸水深情形

海军部海岸巡防处东沙岛观象台，1931年由海军部重新修缮

1925年由海军巡防处派出海军中校江宝容率领一部分官兵及技术人员，在欧美技师的指导之下前往东沙岛，开始建立我国政府对南海诸岛的管理机构。江宝容在东沙岛上修建了双层气象大楼，设置防卫设施，驻兵囤守炮台

全面抗战前建立的东沙岛航标灯

海军在完成东沙气象防卫设施建设后立碑为记

当年驻守东沙岛的海军官兵合影照

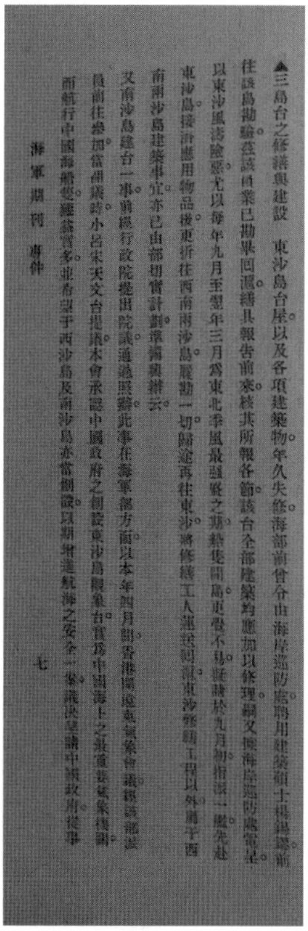

▲三島台之修繕與建設　東沙島台屋。以及各項建築物。年久失修。海部前曾令由海岸巡防處聘用建築師士根據[illegible]前往該島勘驗。茲該員業已勘畢回滬。繕具報告前來。核其所報各節。該台全部建築。均應加以修理。嗣又據海岸巡防處電呈。以東沙風濤險惡。尤以每年九月至翌年三月爲東北季風最强烈之期。船隻開島更覺不易。擬請於九月初旬派一艦先赴東沙島接濟應用物品。接更折往西南兩沙島履勘一切。歸途再往東沙將修繕工人運送回滬。東沙修繕工程以外。關于西南兩沙島建築事宜。亦已由部切實計劃。準備興辦云。

又南沙島建台一事。前經行政院提出院議通過。照辦此事在海軍部方面。以本年四月間香港國際遠東氣象會議。經該部派員前往參加。當經議決小呂宋天文台提議本會承認中國政府之創設東沙島觀象台。實爲中國海上之最重要氣象機關。而航行中國海船隻。經甚實多。並希望于西沙島及南沙島亦當創設。以期增進航海之安全。一案議決。呈請中國政府從事

海軍期刊　專件　七

1930年出版的《海军期刊》第3卷第1期刊载海军部派员修缮东沙岛观象台，将其列入海军编制，长期派官兵驻扎

東沙島觀象台

職務	階級	姓名	別號	籍貫	備考
台長	中校	方均	[illegible]	福建	
技正	少校	袁振岳	[illegible]	江蘇	
主任台員	上尉	林照熙	超倫	福建	
台員	中尉	林秉炎	[illegible]南	福建	
台員	中尉	何爾欽	思盦	福建	
台員	中尉	鄭葆忠	葆中	福建	
軍醫副	中尉	周丹心		江蘇	
電機軍士長	准尉	司克愼		江蘇	

三二三

民国《海军部职员表》上刊登的驻守东沙岛观象台的海军官佐名单[1]

1　海军部编：《海军部职员表》，1936年，第323页。

海军部海岸巡防处嵊山无线电报警台

海军部海岸巡防处坎门无线电报警台

海军部海岸巡防处厦门无线电报警台

铁血抗战

辛亥革命并未让近代中国摆脱半封建半殖民社会的所有枷锁。虎视眈眈的日本帝国主义展开全面侵华战争，中国作为第二次世界大战的东方主战场，承受着侵略者铁蹄的蹂躏。陈绍宽率领中国海军这支定编只有两万五千人的队伍，谱写了一首秉承船政精神的抗日铁军的战歌。

一、浴血江阴

1937年3月20日，国民政府特派行政院副院长兼财政部长孔祥熙为英王乔治六世加冕典礼特使，海军部长陈绍宽为副使。4月2日，孔祥熙、陈绍宽率30余人团，乘意大利邮轮“维多利亚”号自上海启程赴英，4月30日抵达英国。5月12日，英王乔治六世举行加冕典礼。

照片摄于陈绍宽（前排右一）出使乔治六世加冕典礼期间

陈绍宽此行还负有采购战舰备战的重任。5月15日，他代表国民政府和德国签订合同，向德国订购了3艘巡洋舰、5艘潜艇和1艘潜艇母舰，以及一批水、鱼雷。[1]后因德意日缔结轴心国同盟而被拒付。

“七七事变”掀开了中国全面抗日战争的序幕，正在欧洲考察海军的陈

1 1931年2月21日，陈绍宽在中央无线广播电台发表演讲时就强调潜艇是中国海军发展的主要目标，并着手培养相应的潜艇人才。

绍宽闻讯立即回国主持海军部署。

陈绍宽赶回南京后，按预定作战方针，下令全海军进入一级战备。“楚泰”、“正宁”、“肃宁”、“抚宁”四舰协同闽江口要塞扼守闽江；“公胜”协防珠江；“诚胜”警戒山东；“普安”留上海待命；“永健”赶速修竣驻留高昌庙，协同驻沪海军警卫营保护海军在沪各机关及江南造船所；其余的“平海”、“宁海”等49艘舰艇都按国民政府指令陆续开入长江以内，集中力量拱卫南京。

资料显示，战前中日海军实力对比极为悬殊。当时日本的海军实力，仅次于英美，居世界第三位，至1938年9月共有战舰、练习舰、航空母舰、巡洋舰、水上机母舰、潜水母舰、敷设舰、海防舰、炮舰、潜水艇、水雷艇、扫雷艇、特务艇等门类齐全的各式舰艇308艘，总吨位1204132吨（还不包括船厂在建的舰艇），此外还有海军飞机1220架。当时中国海军旧有的加上新建的仅有120余艘舰艇，总吨位最多不超过68895吨，同时还没有海军航空兵。[1]中国海军官兵总数约为2.5万人，仅为日海军12.7万人的六分之一，且大部分已超过三十岁。此外，日本的海军军费每年为5.6亿元，而中国全海军每月仅72万元军费，抵不上一条大敌舰。

由于当时中国海军实力单薄，无法向优势的日本海军进行主动出击，故执行单纯防御战略。1936年底，国民政府参谋本部曾奉令拟订《一九三七年度国防计划》，规定“海军应避免与敌海军在沿海各地决战，保持我之实力，全力集中长江，协力陆空军之作战”。在此规定下，及至全面“抗战发生，海军的第一步江防工作就是毁除上海至江阴的航行标识”。陈绍宽下令破除长江航路的标志，并征集商轮以及民船、盐船、军舰等堵塞港道，在江阴布第一道封锁线，以拱卫南京。8月7日，陈绍宽在海军部召见“通济”练习舰舰长严寿华，指示他封锁江阴要塞，不料封锁密令被亲日的国民政府行政院机要秘书黄浚泄露，日本侨民、军舰、商轮立即驶出长江，陈绍宽封敌于长江的计划落空。8月11日，蒋介石指示陈绍宽迅速将现有的31艘军舰和征用的轮船，开往江阴水道，构筑堵塞封锁线。在接到命令后的当晚，陈绍宽即率第一舰队主力舰艇驰往江阴，与此同时，江阴下游的炮艇也奉命西上，轰毁沿途水道航标。

1　张墨、程嘉禾：《中国近代海军史略》，海军出版社1989年版，第384页。

“甘露”号测量舰。1937年8月11日，海军部派“甘露”、“皦日”、“青天”等5艘舰艇，破坏长江沿线的西周、浒浦口、铁黄沙、西港道、狼山、大姚港、通州沙、青天礁、刘海沙到长福沙、海北港沙、龙潭港、福姜沙等各处的灯标、灯桩、灯塔、灯船及测量标杆

“甘露”舰派员作业照

叶裕和，祖籍广东惠阳，生于印度尼西亚的巴达维亚（今雅加达）。1917年毕业于烟台海军学校第十一届驾驶班。1925年派赴欧美考察各国测量技术及管理法则，并入美国华盛顿测量局学习测量技术。全面抗战爆发后，为阻止日军沿长江向上游进犯并保护淞沪战线陆军的侧翼，时任海军测量舰队指挥官，兼任“青天”测量舰舰长的叶裕和，率舰探测了江阴及附近一带预设水面封锁线的位置，同时率“青天”、“甘露”、“皦日”等舰冒死破坏下游所有灯标信号，有力地阻止了日军沿长江向上游的迅速推进。沉船封锁刚完成不久，“青天”舰即遭日寇四架轰炸机的轮番投弹轰炸，沉没江底，叶与全舰官兵仅以身免。后转入布雷工作，任布雷总队参谋。抗战胜利后，叶裕和于1946年8月任江防舰队舰队长，1947年7月晋任江防舰队司令。1949年11月30日，江防舰队所辖“民权”、“常德”、“英山”、“永平”、“英德”5舰400余人在舰队司令叶裕和等人的带领下，经舰队少校补给参谋江家驺与解放军联系，于重庆宣布起义，起义舰只后于1950年5月加入人民海军华东海军序列。叶裕和后任解放军海军司令部研究委员会委员

“青天”号测量舰，1937年10月在江阴龙梢港被日机炸沉

驻沪海军练习舰队司令王寿廷按海军部的指令，指挥驻沪海军固守阵地，协同陆军作战。1937年8月14日，将“普安”运输舰等几艘船只沉塞黄浦江的董家渡，征用6艘轮船沉塞江南造船所附近的航道，又将14艘商船沉塞十六铺，在黄浦江烂泥渡附近又沉塞4艘收缴的日本商轮，构成三道防线。8月20日，蒋介石指令海军的任务为：“以闭塞吴淞口，击灭在吴淞口以内之

“皦日”号测量舰，原名“联鲸”，系1910年上海江南造船所建造，原为清末海军大臣或舰队司令举行阅舰式时乘坐的检阅舰，排水500吨，航速14节。辛亥革命时陈绍宽就在该舰参加海军镇江起义。1930年11月拨交海道测量局改作测量舰，改装2门25毫米舰炮并列4管机关炮，易名“皦日”。该舰于1937年8月26日清晨完成了南通狼山至西周山江面沿线灯桩的破坏工作后，在返回途中驶过通州时，突遇日军“八重山”等3舰尾随，双方展开炮战。“皦日”测量舰吨位小，火力弱，抵挡不住，乃取曲折航线带伤撤退，吃水深的日舰跟踪追击，结果被引上浅滩搁浅。但日舰随即呼叫飞机助战，“皦日”测量舰被日军飞机击中无法施救而毁沉芦泾港附近江底，舰上2名列兵殉国

敌舰，并绝对防止其通过江阴以西为主。并以一部协力于要塞及陆地部队之作战”，“纵有牺牲，亦在所不辞”。此时，海军部已撤离南京到湖口，9月迁岳州。9月8日，王寿廷下令将日军登陆的浦东新三井第三、四号码头全部炸毁。同时布放一批海军自制的水雷，以封锁淞沪各航道、港汊，阻止日军乘舰溯江上犯包抄我陆军后路，使日军不得不迂回金山卫登陆。淞沪会战得以坚持和会战后期“陆空军亦得以从容退出淞沪，均与海军堵塞董家渡水道之策画，大有关系”[1]。

中国海军还把存沪仓库的高射炮大量供给浦东陆军组设炮队，扼守要隘。海军警卫营以高昌庙为警戒线投入作战。11月11日，敌军猛犯南市地区，该营死守阵地，陷敌重围，伤亡惨重。高昌庙失陷后，海军各机关被占领，警卫营奉命与陆军第五十五师官兵坚守到最后才突围而出。

中国海军在沿海及上海附近各港汊择要敷设水雷，加上黄浦江上的三道封锁线，使敌舰艇屡被炸伤炸沉。直至高昌庙失陷，日本海军仍不能前进。中国海军在撤离淞沪战场时，用自制地雷把苏州河沿岸桥梁、梵王渡铁路桥

1　陈绍宽：《海军抗战纪事》，载海军总司令部编译处：《海军抗战事迹》，1941年，第2页。

1937年11月，中国海军在上海黄浦江用沉船布置阻塞线以阻断侵华日军水上交通

驻守江南造船所的海军陆战队在驻地用舰炮反击日军

中国海军把存沪的高射炮大量供给浦东陆军组设炮队

修竣驻留高昌庙，协同驻沪海军警卫营保护海军在沪各机关及江南造船所的“永健”号炮舰于1937年8月25日遭日机轰炸，半沉于船厂前

中日双方交战的炮火蔽日，右角是泊于黄浦江上隔岸观火的美舰

等破坏。从9月下旬起，中国海军的对日作战主战场逐步转移到长江航道。

1937年8月12日，海军两个舰队主力在江阴江面集合，共自沉老旧军舰与商轮43艘，合计吨位63800余吨。海军部又请行政院训令江苏、浙江、安徽、湖北各省政府紧急征用民用小船、盐船185艘，满载石子沉入封锁线的空隙中。并将“海容”、“海筹”、“海琛”、“海圻”4艘吨位最大的老舰沉入江中，构筑辅助阻塞线。最后，由海军布雷队在阻塞线外侧敷设水雷区，构成一道严密的封锁线。

所有参战的中国海军将士都抱着必死的决心。在战前动员会上，第一舰队司令陈季良发出誓言：“军人当忠于职守，勇于从战，以身报国。在陆地战场，人人要有马革裹尸的雄心，在海上战场，人人要有鱼腹葬身的壮志，不管战场环境如何险恶，人人都要杀敌致果，坚持用最后的一发炮弹或一颗鱼雷，换取敌人的相当代价。”

江阴大战在即，陈绍宽亲往一线，登舰向海军参战将士作战前动员，勉励将士英勇杀敌

图为江阴封锁线

在江阴封锁线上备战的中国海军

自沉在江阴阻塞航道的“海圻”（左）和“海琛”（右）巡洋舰

陈季良将军

全面抗战爆发后，陈季良临危受命，担任江阴封锁区总指挥，率中国海军第一舰队的四艘主力战舰与日本数百架次战机，浴血战斗两月余，击落敌机20多架，打破日本“三个月灭亡中国”的迷梦。海战中，陈季良身负重伤，被营救上岸运回重庆抢救。1940年任海军第一校阅组组长，组织校阅各江防要塞、海军学校等机构。1944年转任总司令部中将参谋长兼海军第一舰队司令。1945年春，在重庆旧伤复发并患伤寒，因缺药医治而逝世。陈夫人遵其遗嘱，为陈季良制了一口水泥棺放在重庆山坡上的稻田里，以示抗战不胜，不得下葬，以“死无葬身之地”的悲壮激励同袍血战到底。1945年5月25日追赠海军上将

面对中国海军的部署，日寇欲利用优势海军溯江而上的计划不售，“以为我们空军有限，江阴的防空设备薄弱，于是完全采取了空攻策略，希图用最低廉的代价，最经济的时间，来一鼓消灭我们的舰队，以求打破我们的封

“宁海”舰防空炮

“平海”舰

锁线”[1]。8月16日上午10时起，日机分批向布防江阴的中国海军各舰空袭。第一舰队4舰与日机激战月余，互有伤亡，但江阴防线仍未被突破。之后，日军增派战机加大攻势。自9月22日起，日寇空军对坚守江阴的中国海军舰艇进行轮番攻击。第一舰队旗舰“平海”舰首当其冲，日军以30余架战机分三面环攻“平海”，鏖战终日。中国海军击落日机3架，击伤8架；阵亡6人，伤30余人。“平海”、“应瑞”两舰均受伤。翌日下午，日军再度以70余架战机，分批先后向海军舰队环攻。视死如归的“平海”、“宁海”舰官兵冒弹雨还击，分别击落日机4架和5架，击伤日机多架。最后，由于连日战斗、弹药告罄，“平海”、“宁海”两舰先后被炸中要害，封堵无效，逐渐倾斜沉入江中。

高宪申，字佑之，福建长乐人。1907年毕业于广东黄埔水师学堂第十届驾驶班。1937年任“平海”舰舰长。自当年8月起，率舰保卫江阴封锁线。9月22日，在对空激战中，“平海”舰和友舰一起击落敌机5架，高宪申腰部重伤，入院抢救。1938年5月伤愈出院，任海军厦门要港司令，晋升海军少将，率驻厦海军官兵重创入侵日军。1939年2月任贵州桐梓海军学校校长。1947年调任海军总司令部第二署署长。1948年6月伤毒复发病逝

1　景华：《九二三江阴中日海空战》，《新海军》1946年第1期，第68页。

陈宏泰，福建福州人。1908年黄埔水师学堂第十届驾驶班毕业，1915年留学美国。1936年任“宁海”轻巡洋舰上校舰长。抗战中，率舰参加了著名的江阴海空战，左腿负伤仍坚持指挥战斗。1938年任海军总司令部舰械处少将处长。1939年任洞庭湖警备司令，并兼海军第一布雷总队总队长，率部在敌后开展艰苦卓绝的抗日布雷战。抗战胜利后任第一舰队少将司令、海防舰队舰队长

叶可钰，字幼韵，号哲如。福建侯官（今属福州市）人。父叶祖镠为晚清海军统帅叶祖珪的胞弟。1915年4月考入福州马尾海军制造学校，学习制造，1920年转入烟台海军学校改习航海，1925年毕业于该校第十七届驾驶班。1930年派赴日本留学。1931年在日本参与监造“宁海”巡洋舰。叶可钰利用自己的超强记忆力，与战友一起以默记的方式，记下了数百张日方不许提供的“宁海”舰设计图。嗣后，中国海军就采用他们默记下来的“宁海”舰设计图，建成了“平海”舰。1937年3月任“平海”舰副舰长，“七七事变”后协助舰长高宪申驻守前线。9月22日，舰长高宪申受伤，叶可钰代理舰长，指挥战舰与敌机血战。9月23日“平海”舰舰尾受伤进水，舰身倾斜20余度，堵塞无效后，叶可钰下令开抵十二圩搁浅，卸除舰上轻重武器。在战舰沉没的最后一刻，叶可钰才撤离。叶可钰随后奉命将舰上官兵组成海军布雷队继续抗战。10月1日，马当炮台建立，叶可钰任台长，指挥炮击敌舰。后赴武汉任长江阻塞组组长

甘礼经，字希达，福建邵武人。1911年入福建船政后学堂驾驶班，1915年转入烟台海军学校，1920年毕业于该校第十二届驾驶班。1937年6月15日任“宁海”舰副舰长。9月23日，江阴海空战中舰长陈宏泰左腿被炮弹击中，晕倒在指挥室内，甘礼经接替舰长指挥作战，先后击落敌机9架。最终“宁海”舰因负伤过重而沉没。战后陈宏泰及负伤战士由“威宁”炮艇运往南京海军医院救治，甘礼经将其余舰员和舰炮组成舰炮队，继续投身抗战

“平海”、“宁海”两舰被炸沉后，陈季良又移驻“逸仙”舰，并挂出司令旗继续指挥战斗。9月25日上午9时，16架敌机猛攻“逸仙”舰，掷弹20余枚。陈季良率官兵对空还击，击落敌机2架，而“逸仙”舰也被击中，舰上官兵牺牲14人，重伤6人。官兵们劝陈季良撤退，陈季良不允。激战中，“逸仙”舰再次中弹，舰身向左倾斜，舰首炮与舰尾炮都被炸毁，弹片击中了陈季良腰部，陈季良摔倒在甲板上，血流如注。他忍着剧痛，果断地下令“逸仙”舰抢滩驶泊目鱼沙。敌机见“逸仙”舰无力还击，就超低空飞行，继续轰炸“逸仙”舰，陈季良顽强地站起来，拔出手枪继续与敌机对决。他的精神感染了全舰官兵，他们用手枪、步枪与敌人血战，直到所有的子弹打光，“逸仙”舰被炸沉。

因第一舰队实力大减，陈绍宽派第二舰队司令曾以鼎少将率旗舰“楚有”舰驰援江阴并接替陈秀良指挥作战。9月28日，大队日机袭击江阴，围攻“楚有”舰。该舰虽竭尽全力奋战，但终因寡不敌众，于10月2日被炸沉。

“逸仙”舰

“逸仙”舰主炮，飞桥两侧是为了加强防空安装的机枪

陈秉清，字澄波，河北人。1910年毕业于烟台海军学校第四届驾驶班。1936年11月任“逸仙”舰舰长。江阴海空战中“平海”、“宁海”两舰相继被日机击毁后，由“逸仙”舰接任旗舰。9月25日上午，敌机攻击“逸仙”舰，陈秉清当即指挥主炮击落一架。后“逸仙”舰因多处中弹进水而沉，舰上官兵阵亡14人，受伤8人。11月8日，调任江阴区炮队第一队队长。11月30日，日军5艘炮舰先后上驶向六助港，陈秉清率部应战，击中敌舰1艘。双方炮战相持到11时，2艘敌舰先退，其余3艘正在巡游之际，受中国海军炮队炮弹重创，日军纷纷跳上小汽艇逃亡。12月1日夜，日军从陆地攻下江阴，包围海军炮队阵地。江防总司令部下令所属移南京待命，陈秉清炸毁台炮，率队后撤到马当、湖口等地重组炮队，重建阻塞线。1938年5月，陈秉清被派往福州主持布雷工作，在各阻塞线外布设水雷，配合守军屡挫敌锋

曾以鼎，字省三，福建福州人。1908年毕业于烟台海军学校。1910年奉派赴英留学。1930年12月任海军第二舰队司令。自全面抗战以来，先后率舰队、炮队、雷队，在江阴及长江一带担任江防，卓有功绩。1945年升海军总司令部中将参谋长。1946年遭排挤退役，寓居上海。中华人民共和国成立后，加入中国人民解放军，先后任华东军区海军司令部研究委员会、北京海军司令部研究委员会主任

郑耀恭，字叔寅。福建闽县（今属福州市）人。1911年毕业于烟台水师学校第六届驾驶班。1915年被派往美国学习潜艇。1937年，时任“楚有”炮舰舰长的郑耀恭率舰参加江阴海空战。9月29日，“楚有”炮舰在江阴战场被日军飞机炸沉，郑耀恭率领舰员登陆，组成炮队抗击日军。1943年因公殉职

驰援江阴的第二舰队旗舰“楚有”舰

“楚有”舰官兵在炮战

1937年9月29日，蒋介石传令海军部嘉勉海军将士：“此次暴日肆意侵略，犯我领土，各地遍受荼毒，我海军将士同仇敌忾，该部部长及次长督率官兵，不惜牺牲一切为国奋斗，此来苦心焦思，筹划江防，拱卫京城，并且愿拆除舰炮，巩固江岸防务，此种破釜沉舟之决心，殊为可贵。近来江阴附近敌机肆行轰炸，致伤亡我海军将士多名，尤所轸念，仰该部长转饬所属知照，并对所有受伤将士代致慰问。”10月2日陈绍宽回复：“益当鞠躬尽瘁，督励全军赓续奋斗，以尽天职。”

中国海军以舰炮抗击日机

江阴保卫战后期，随着舰队实力的减弱，海军组织了江阴炮队，继续保卫这条被海军视为战局生命线的江阴阻塞线。中国海军的炮台和漂雷虽然发挥了威力，守住了长江航道，但陆军的防线却多处被突破。12月2日，日军从陆路攻陷江阴要塞，淞沪战役结束。十天之后，“南京大屠杀”开始。

陈绍宽率领中国海军投身保卫江阴封锁线的战斗，有力地阻遏了日军沿长江西进的企图，粉碎了日军三个月灭亡中国的狂妄计划，给中国军队以布置与补充的时间，有效保护了长江下游军政机关、工矿企业向四川大后方的安全转移，为持久抗战的最后胜利做出了卓越的贡献。正如陈绍宽所总结的：“江阴水道一阻塞，南京就安定了，政府就可以从容应付，计划西迁。”“在淞沪作战的我们军队更没有了后顾之忧，可以安心作战，且运兵、运输、输送、接济、补充不受阻断，才能造成了淞沪很光荣的四个月的胶着战。”[1]

在江阴会战中，面对来势汹汹的日军空中力量，缺乏空中火力支持的中国海军，进行了英勇的抗击，以惨烈的牺牲，拼死掩护了上海前线70万陆军弟兄的脊背。当时在江阴战场观战的德国顾问法肯豪森被中国海军视死如归的精神所震撼，他说道：“这是第一次世界大战以来，我所亲眼见到的最惨烈的海空战，中国海军的参谋长如此英勇，中国军队如此无畏，中国必胜。”陈绍宽在江阴战后三周年撰写的一篇《纪念伟大的“九二三”》中也总结道：“我们的抵抗力，不过区区十三尊高射炮和有限的弹药而已。军舰本身的装甲又是非常薄弱，以视敌人来袭的飞机数达七十多架，投下重弹五百枚以上，亦感得相形见绌。可是我们弱小的海军凭着什么，能够使敌人的大海军逡巡不前，使大量的敌机无法完成他们的使命呢？……这是靠着我们的革命精神。”

二、保卫武汉

1937年11月，国民政府部分机构由南京迁到武汉，该地实际成为中国的军事、政治、经济中心，战略地位十分重要。淞沪会战中，国民党军队将密集兵力部署在狭窄地域，最终被日军以猛烈炮火大量杀伤；南京保卫战时，十几万军人孤军困守，被日军围攻。有鉴于此，再结合武汉无险可守的情况，国民政府制定了新的策略：第一，以空间换时间，争取后方人力、物力、财力的转移；第二，最大限度地消耗日军的有生力量，拖垮其继续攻势的能力；第三，达到以上两项目的后，就主动撤出武汉，保存继续抗战的实力。具体战术是守武汉而不战于武汉，立足外线，保持部队高度的机动性，

1　陈绍宽著，高晓星编：《陈绍宽文集》，海潮出版社1994年版，第298页。

逐次抵抗消耗日军。

日军大本营陆军部在占领南京后，即开始研究攻占武汉。1938年5月，日军攻陷徐州后，决定于当年秋季进犯武汉。6月15日，日本御前会议正式决定实施攻占武汉的作战。日本企图“集中国家力量，以在本年内达到战争目的”，“结束对中国的战争”，为此专门调遣了适宜在长江作战的大小炮舰、炮艇和支援船只达120艘，妄图速战速决，在短期内拿下武汉。

在武汉会战中，挺身而出的中国海军配合陆军作战，忠诚地履行了江防军的职责。

江阴海空战中，海军舰艇大都被炸沉或用于堵塞，主力消耗殆尽。1938年1月1日，国民政府把与军政部并列的海军部裁撤，并入军政部，陈绍宽任军政部海军署署长、军事委员会委员。其后海军总司令部成立，陈绍宽任海军总司令。海军总司令部下设参谋、军衡、舰械、军需等4个处。

1月31日，海军总司令部下令将直辖的残存舰艇，编为第一、第二两舰队。“中山”、“永绩”、“江元”、“江贞”、“楚观”、“楚谦”、“楚同”、“楚泰”炮舰，“甘露”测量舰，“克安”、“定安”运舰，“义宁”、“正宁”、“长宁”、“威宁”、“肃宁”、“崇宁”炮艇等，均编入海军第一舰队，海军中将陈季良任第一舰队司令。“永绥”、“民生”、“民权”、“咸宁”、“江鲲”、“江犀”炮舰，“公胜”、“诚胜”测量艇，“顺胜”、“义胜”、“勇胜”、“仁胜”、“海宁”、“抚宁”、“绥宁”炮艇，“湖鹰”、“湖隼”鱼雷艇等，均编入海军第二舰队，海军少将曾以鼎任第二舰队司令。

1938年2月7日，湘资沅澧四江封锁委员会成立，第九战区工兵指挥官朱焕庭兼主任委员，时任海军总司令部舰械处处长陈宏泰任副主任委员。陈宏泰负责在洞庭湖、湘阴水道布设水雷，他选择湘阴下游磊石山附近水面为雷区。同月，海军瓯江布雷队成立，叶可钰任队长。

1938年3月27日，日军飞机开始对马当阻塞线进行侦察，炮艇“义胜”号被炸伤。

当时武汉地区有200多家工厂等待迁转西部腹地，还有100多家从上海等外埠转来的军工和工矿企业，待拆运物资达10万多吨，一旦落入敌手，中国的抗战将面临后勤保障的重创。陈绍宽领导中国海军在长江水域战区配合

海军布雷队出发布雷

陆军，与敌争夺时间。由于舰艇损失巨大，中国海军改变舰队防守方式，把舰上的海炮拆卸下来，构筑要塞防御阵地，同时积极布置水雷和加固炮垒。1938年4月，海军在长江沿线江西马当和湖口、湖北田家镇和葛店设立四道防线，在香口、牌石矶、凌家嘴、羊山矶、土桥等处加布定雷和漂雷。

4月14日，海军所布水雷在大通的羊山矶击毁敌舰“大村丸”等2艘，舰上准备补充到“神威”号航空母舰的两架水中飞机，也沉入江中。海军配合陆军布置水雷及要塞炮阻击，有效起到了阻拦日军溯江西上的作用。日人小俣行男记录了当年6月间的一起日舰触雷事件：“汉口到上海的水路为600海里，夏季溯江而上可行万吨级的商船。对于海军来说，长江在半水期是一条绝好的进攻路线。中国方面看出日本海军的企图，便在江面上布下了无数的水雷，南京和汉口之间成了可怕的水雷区。……若月雄三郎从《读卖新闻》接受任务后便随陆军同陆战队的冈本部队长登陆。可就在临登陆前，载着冈本部队长的本部梨花号触雷了。随着一个震耳欲聋的爆炸声，江水升起了巨大的水柱，船被炸成两截。船上的若月、同盟通讯社的下津久男以及60多名陆战队员全被抛入江中，被江水吞没了。”[1]

1 ［日］小俣行男著，周晓萌译：《日本随军记者见闻录——南京大屠杀……》，世界知识出版社1985年版，第39—40页。

日军拖船拖回触雷的“大村丸”，但该舰受损严重，最终沉没

被我方水雷炸坏的日军舰艇

从1938年6月18日到23日，日军先后被漂雷击沉14艘舰船，致使入侵的日本海军舰队穷于应付扫雷。

6月22日，日军10余艘船载运波田支队，在9艘舰艇掩护下进犯马当阻塞线。其间1艘扫雷舰触雷沉没，3艘汽艇被海军炮队击沉，日军被迫登陆，夜袭要塞阵地。当时，陆军守军军官正在参加所谓的结业典礼，不虞防敌，阵地很快陷落。在山东抗战，沉舰后撤来驻守马当要塞长山主阵地的中国海军第三舰队少将副司令鲍长义，因感情势严峻，未派人参加典礼。他率领第三舰队2000余官兵组成的海军陆战队第二总队，在陆军守军丢失阵地的绝境中，孤军作战，死守3天，付出了1800名陆战队员的生命代价，毙敌近2000人。24日，波田支队向炮台发动攻击，中国炮艇“威宁”号和日军一艘鱼雷艇受伤，双方处于相持状态。25日，日军集中兵力，在20余艘巡洋舰、驱逐舰和大批飞机掩护下，水陆并进，再向马当进攻，中国海军炮队组织反击，日军被击退，巡洋舰1艘受伤。26日，日军从陆上迂回包围，要塞陷入重围，守军伤亡惨重，毁炮突围。马当失守。

中央海军参战协守的武汉门户田家镇炮台形势

马当要塞失守后，日本海军趁势上攻江西湖口防线。

中日军队在湖口防线激战数日，反复争夺，日军波田支队施放大量毒气，突破我守军阵地，湖口遂于7月5日沦陷。中国海军守护的湖口后炮台阵地均被敌机和敌大炮摧毁，绝大部分将士壮烈殉国。战前，陈诚曾去视察，称“湖口要塞，是武汉门户，官兵必须树立与炮台共存亡的决心”，全体官兵高呼“誓与倭寇决一死战，誓死守卫湖口要塞”，守台海军官兵，以身践言。

1938年7月1日“长宁”炮艇（艇长林良缪）被日机击沉于武穴；3日“崇宁”炮艇（艇长叶水源）被击沉于田家镇；9日“海宁”炮艇（艇长何乃诚）被击毁于吴城丁家山附近；13日“绥宁”炮艇被击沉于黄石港。

7月20日，日寇派27架飞机轰炸岳州，日机并以海军舰队为目标，分批从高空俯冲投弹，企图消灭中国海军舰队。驻泊该地的各舰用舰炮还击。“江贞”适由武汉抵岳州，敌机向“江贞”猛烈投弹，“江贞”两舷被弹片炸伤，前段各舱进水，驶至岳阳楼下搁浅。副舰长张秉燊、司书曹守樵、下士任永通及列兵刘春银阵亡。“民生”舰也被敌机炸伤搁浅，副舰长林赓尧负伤，列兵刘茂威、郑茂咸、林森官等数十人伤亡。

9月27日，日军舰艇在飞机、大炮的掩护下，向田家镇疯狂进攻，共投弹1000余枚。9月28日，田家镇要塞海军守备司令梅一平少将与炮台总台长秦德生等人坚守炮台，相继战死。中国海军炮台官兵损失惨重，于当晚奉命撤退。

进攻田家镇的日军公然使用毒气弹，为掩盖罪行日军审核后不允许发表

9月29日凌晨，蒋介石下达转移兵力的命令。面对日寇水、陆、空的多面迂回来犯，缺乏后援的中国守军坚守一个多月，付出了重大牺牲。虽然田家镇最终陷落，不过，由于筹划较早，加以军队的拼死抵抗，武汉地区工矿企业的撤离转移得以顺利实施，从经济上保卫了中国的抗战力量。之后，日寇又花费半个多月的时间，在扫清田家镇周边的水雷区后，敌舰才西上进犯武汉最后一个要塞葛店。

10月23日，萨师俊率“中山”舰在金口一带巡防。10月24日下午3时许，6架敌机轮番向“中山”舰轰炸，“中山”舰奋勇还击。“激战中，船尾左舷不幸被中，舰体进水，渐渐倾斜。萨舰长仍继续指挥作战。数分钟之后，锅炉舱左右舷又被炸进水，汽机失去推动能力，同时驾驶台又被中一弹，舵机损坏，舰首发火，舵工阵亡；萨舰长受伤，满脸浴血，两腿折断。但萨舰长尚坐在甲板上指挥自如。不幸舰体已渐渐下沉，舰身倾斜不能行动。救护人员拟即救护他离舰，萨舰长说：‘尚有许多员兵可以继续作战，我不愿离舰，我要抗战到底。’”[1]副舰长吕叔奋强行将萨舰长及受伤官兵送下舢板，残暴的日机再度向舢板上手无寸铁的官兵俯冲扫射，击沉舢板。不久，“中山”舰也因侧倾严重，沉入江中。

“中山”炮舰

壮烈殉国的“中山”舰舰长萨师俊

1 《林鸿炳先生访问纪录》，《海军人物访问记录》第一辑，台湾“中央研究院”近代史研究所，1998年，第114—115页。

当夜，“中山”舰沉没6小时后，海军总司令陈绍宽乘“江犀”舰赶到金口，鸣笛3分钟，向抗日英雄致敬。陈绍宽在随后“慰问海军将士时，激动地说：‘今日，我们不到1万吨的老旧脆弱的军舰，抗拒暴敌60余架的空军大队，在全世界海空大战史上，可以骄傲地说是开创空前未有的记录’，‘这一次抗战，得到了实地教训，将来谈起国防来，谁也忘不了海军，这是超出代价之外的。’”[1]

金口一战，以萨师俊舰长为首的25位“中山”舰官兵壮烈殉国，是抗战爆发以来中国海军单舰作战牺牲人数最多的一次。

1938年10月21日，“永绩”炮舰被日军飞机炸成重伤，搁浅于湖北新堤江面，其舰上武备已被中国军队拆卸用于防守田家镇要塞

“永绩”炮舰与日机殊死对射

1 郑玉华编著：《陈绍宽一生》，福建教育出版社2001年版，第21页。

10月25日，日军攻占葛店，武汉无险可守。日军又分兵在广东登陆，并很快于21日占领华南重要港口广州。广州一失，粤汉铁路被切断，武汉地位已失重要性。10月24日，蒋介石正式下达放弃武汉的命令。25日，武汉陷落，陈绍宽战至最后一天，才率领海军总司令部撤至长沙，奉命负责封锁长沙门户——湘阴阻塞线。

1938年6月至10月，中国军队在武汉外围沿长江南北两岸与日军展开战斗，战场遍及安徽、河南、江西、湖北四省广大地区。中国海军仅存的40余艘舰艇，空军仅存的220架战机全部参战。武汉会战是抗日战争战略防御阶段规模最大、时间最长、歼敌最多的一次战役。中国军队浴血奋战，进行大小战斗数百次，以伤亡40余万人的代价，毙伤日军25.7万余人，大大消耗了日军的有生力量。日军虽然攻占了武汉，但其速战速决，逼迫国民政府屈服以结束战争的战略企图并未达到。从此，中国抗日战争进入战略相持阶段。

武汉会战中，中国海军协同陆军作战，有力地牵制了日军。陈绍宽在1943年发表的《抗战六年来的海军》一文中，陈述海军在武汉会战中的贡献："以要塞做主体，用由舰炮而构成的要塞力量来保卫雷区，执行防守水道的任务……在这个时期中，海军各炮台与敌舰展开过多次的血战，海军各布雷队在敌机疯狂肆炸下，抢急布过一百多次的水雷，我们虽然损失了不少物资，和牺牲了许多英勇的官兵，但在每一个防区和每一次战役中，均能达成防守任务的使命。"[1]

三、没海有军

面对占据主战场制空权的入侵日寇，陈绍宽领导的中国海军没有畏缩不前，他们秉承江阴海战、武汉会战的精神，以仅存的战舰，战斗在长江及其流域的战场上，执行繁重的战时运输和守备任务，尤其是运送布雷队员，

1　陈绍宽：《抗战六年来的海军》，《训练与服务》1943年第1卷第4期，第21—22页。

频频向日舰发动攻袭。直到抗战胜利，全海军原有参战的66艘舰艇仅余“楚同”、“楚谦”、“楚观”、“江元”、“江鲲”、“江岸”、“江犀”、“民权”、“永绥”、“咸宁”、“义宁”、“甘露”、“定安”、“克安”、“湖隼”共15艘。

“江元”号浅水炮舰

1938年秋，“江元”舰最后奉命隐蔽驻泊重庆唐家沱码头，为炮舰罩上防空伪装后，舰长刘孝鋆率全舰官兵进驻湖北万流镇与川东鄂西交界的长江险要炮垒——巴万区要塞第三总台第五台。刘孝鋆同其他转为陆战的舰长们一道率部下坚守川江要塞炮台逾5年

刘孝鋆，福建长乐人，1910年投考江南水师学堂，1918年毕业于烟台海军学校第十届驾驶班。先后任“建康”、“江元”等八舰舰长。在“应瑞”练习舰、练习舰队司令部、海军练营、鱼雷游击队从事近十年的海军军官和水兵的训练教育工作，学生遍布舰队。抗战期间率“江元”舰参加江阴海空战、田家镇要塞保卫战、岳州空战，后转陆战投身石牌保卫战，历九死一生。抗战胜利后先后升任全军旗舰“长治”舰舰长、海防舰队舰队长、海防第二舰队司令。1948年2月因反对内战被免军权，并被贬往海军法制委员会。1949年受萨镇冰、陈绍宽影响，拒往台湾，在福州参加原海军人员集体起义。后任海军司令部研究委员会委员

1939年1月21日，海军总司令部撤退至重庆。1月28日，国民党五届五中全会决议“组设国防最高委员会”。2月7日，国防最高委员会正式成立并开始运作，陈绍宽任国防最高委员会委员。

1940年5月，日军为了控制长江交通，切断通往重庆的运输线，集结30万大军发动枣宜会战。5月15日，第33集团军总司令张自忠率领的1500余人被近6000名日寇包围。激战到16日下午，张自忠所部全军覆没，张自忠将军英勇殉国。

张自忠将军

张自忠牺牲后，陈绍宽派海军军舰护灵迎灵。张自忠灵柩于5月27日抵达重庆，并在朝天门码头举办了迎灵仪式。陈绍宽与国民党党政要员及各界群众臂缀黑纱，肃立迎忠魂。

陈绍宽（前排右一）参加执绋

张自忠将军骸骨移葬重庆雨台山，陈绍宽（左一）等人最后亲视封墓

在枣宜会战中，中国海军力量几近殆尽。国内有“废海军，建空军”的议论，海军总司令部乃再度反击此言论。当时中国海军虽然成为“没有海的海军”，陈绍宽领导仅剩的一万余海军将士布雷守垒，仍坚持正面抗击，在布雷战和防守长江上游的要塞等方面表现出色、战功赫赫。12月28日，国民

政府军事委员会授予海军总司令陈绍宽“光华甲种一等奖章”。

据中国海军统计，1940年共击沉击伤日舰艇218艘，其中中型舰15艘、运输舰22艘、商船3艘、汽艇61艘、驳船8艘被完全击沉。另击伤日军中型舰14艘、小型艇18艘。绝大多数日舰为水雷所毁伤。据英国驻华使馆的不完全统计，截至1940年，侵华日舰被水雷炸沉8艘，炸伤100余艘。[1]

被打怕的日本海军长江舰队司令部于1940年5月22日发布四条训令：一、禁止集结航行；二、凡行驶芜湖以上商船须由兵舰护航；三、舰轮不得夜间行驶芜湖九江间；四、凡舰轮行驶芜湖上游时须加速通过，违者苛以重罚。[2]

1941年1月25日，日一艘运输舰于马当下游铁板洲触雷沉没，200余名官兵毙命。同年10月8日，日运输舰“山田丸”、“村木丸”又于马当附近触雷沉没，又有200余名官兵毙命。

此外，日军的空中肆虐也让陈绍宽进一步看到了航空母舰的作用。1943年11月，他代表海军再次提出海军建设的规划，设想将中国沿海划为四个海

1941年11月17日，陈绍宽参加第二届国民参政会第二次会议

1　韩真：《海军长江抗战述论》，《军事历史研究》1995年第3期。

2　任保军、慕安：《抗战中的中国海军》，《炎黄春秋》2005年第5期。

军区：第一区从辽宁安东到山东半岛成山头，第二区从成山头到长江口，第三区从长江口到广东汕头，第四区从汕头到中越交界。每个区成立一支海防舰队，各拥有5艘航母，全国沿海共需要20艘航母。最贫穷的海军总司令提出的这个规划令包括蒋介石在内的许多人瞠目结舌，陈绍宽回应说："这笔钱国家是省不得的。"

四、闽海抗战

1932年上海"一·二八事变"爆发后，海军部长陈绍宽洞悉日本侵华野心，未雨绸缪，于1933年8月19日派海军部代理常务次长李世甲回闽负责整顿

李世甲，字凯涛，福建长乐人。1911年毕业于烟台水师学堂第六届驾驶班。1913年赴美留学，专攻飞艇、潜艇技术。1932年代理海军部常务次长。1934年任海军部马尾要港司令。自1939年起，指挥驻闽海军水面舰艇部队和海军陆战队在福州地区抗击日本侵略军。日本战败后，奉派接收台澎地区日本海军人员的投降，任海军台澎要港司令。1946年2月辞职回福州，曾一度代行福建省主席一职。1949年8月拒往台湾。解放后任福建省政协委员

海军陆战队，以加强福州防卫。

1934年2月3日，李世甲正式调任海军部马尾要港司令兼海军陆战第一独立旅旅长。李世甲上任后即着手整顿马尾海军各机关及陆战队。

李世甲在长乐校阅海军陆战队三团并与营连官佐合影

海军陆战队第三团枪架操练

海军陆战第三团担架队训练期满合影

海军陆战队炮兵连演习照

海军陆战队第三团从芝山亭出发，参加长乐造林运动

海军陆战队第一旅第一团工兵建筑的德安公园落成照

海军陆战队第一旅所部在赣修筑马陈公路

1934年3月13日，李世甲率“楚同”、“楚泰”、“抚宁”、“绥宁”等舰及海军陆战队第一旅第二团第三营，视察罗源、连江等地，下令在黄岐等地增筑碉堡加强工事，同时率“楚同”等舰及陆战队征剿占据闽江口外各岛屿的海盗。

上为李世甲（右二）视察厦门要塞照，下为厦门要塞官兵受阅照

1934年12月4日南京政府海军部明令海军陆战队“第一独立旅”与“第二独立旅”互易番号。马尾要港司令李世甲兼第二旅旅长，原任第二旅旅长林秉周充任第一旅旅长，即率第一旅赴江西驻防。

为了提高陆战队军官素质，除遴选优秀资深人员保送往陆军大学受训外，李世甲呈报海军部转奉军事委员会核准，恢复已停办十年的海军陆战队讲武堂。

1936年2月18日，海军陆战队讲武堂开学，李世甲自兼监督（主任），派陆军大学出身的萨君豫上校为教育长，王渭临任教务主任。陆战队讲武堂分别成立学生队及军官队，前者以培养基层军官为主，兼修海军与陆军课程，学制四年，毕业后充实基层并择优保送去陆军各兵种专科学校。

海军陆战队讲武堂正门

海军陆战队讲武堂山炮放列教练

海军陆战队周赞枢营长教授军士识字。悬挂在军营礼堂上方“不扰民”和“军队民众化”的标语，正体现了陈绍宽秉承船政海军“爱国扶民”的治军理念

1937年“七七事变”后，日寇大举进犯，全面抗战爆发。陈绍宽对福州抗战早有预案，电令李世甲从速构筑闽江口阻塞线，阻止敌海军侵犯，保卫马江、长乐等地区。李世甲亲自督饬施工，举全市之力，历时20多天，征集到60多艘船只，装满200万方沙石，在长门外熨斗岛至壶江岛之间的主要航道上，凿开船底下沉，封闭闽江主航道。

为防敌人破坏，李世甲命令驻闽江的“楚泰”炮舰（舰长程嵋贤）、

“楚泰”舰备战

“抚宁”炮艇（艇长蒋元福）、“正宁”炮艇（艇长郑震谦）、“肃宁”炮艇（艇长郑畴芳）负责闽江口外巡防任务。

李世甲另命马尾造船所（所长韩玉衡）加紧制造水雷400枚，令海军布雷队（队长陈秉清）加紧在各阻塞线外沿布雷。

李世甲同时部署海军陆战队在长门等地沿江构筑工事，掘战壕防空洞等；在闽江口要塞炮台——礼台、电光山、划鳅、烟台山、金牌山、北岸、崖石及一座鱼雷台，共配备要塞炮37门；此外，东岐、牛道口、獭山等临时炮台配备2门大炮和6门舰炮。闽江口两岸炮台有官兵600多人，连同陆战队和陆军第一百军，防守福州的中国军队共有兵力约3万多人。海军判断来自海上对福州的攻击必由连江登陆，于是马尾要港司令部将唯一的一个团布置在连江的下岐，与闽口要塞相连。海军的防务主体是闽口要塞。

战前闽口要塞长门礼台实弹演练

1938年3月24日，日军出动近40架飞机首次轰炸福州，马尾造船所的造船、铸造两分厂被炸成平地。5月厦门失陷后，日寇加紧对闽江口进攻，不断派飞机轰炸马尾、长门和海军舰艇。“抚宁”、“正宁”、“肃宁”等炮艇先后被炸沉，李世甲下令把舰艇上的炮械悉数拆下，并把舰上官兵集中于红山构筑临时炮台，成立红山炮队，加强闽江的陆上防御力量。

1938年7月5日，陈绍宽赶赴福州视察闽江口各炮台，并召集官兵训话，部署福州保卫战事宜。

1939年6月，日寇占领闽江口外的川石岛，向长门炮台不时发炮攻击。由于海军官兵坚守海陆阵地，从1937年8月到1941年4月上旬，敌人始终无法冲破闽江口阻塞线进占福州。

1941年4月18日，日舰20余艘、汽艇10余艘，分别入侵闽江口、连江各地。翌日，日军地面部队向熨斗、琅岐两岛登陆，海军陆战队奋起抵抗。同时电光山、烟台山、金牌各炮台亦以猛烈炮火压制川石之敌，相持3小时。守军一连壮烈牺牲。不久，敌分兵两路，一路由连江镇海筱埕登陆，一路由长乐漳港登陆。敌人占据长乐、连江两地后，派8架飞机和3艘驱逐舰、4艘汽艇联合向长门炮台发炮轰击。填筑在长门港等处的石垱被日军用深水炸弹炸毁。长门炮台周围的掩护阵地陷落后，暴露在日军海陆两面的夹击中。曾在厦门屿仔尾炮台抗日，厦门沦陷后调任长门炮台副台长的何荣冠，指挥士兵奋起抗敌。在通讯断绝，失去与外界联络的情况下，何荣冠组织机枪、步枪队分头顽强抗敌。长门炮台在激战中击中敌驱逐舰1艘，击沉敌汽艇2艘，迫使敌人舰艇退至芭蕉尾。敌人动用飞机轰炸我炮台与前沿阵地，造成极大伤亡，我守台官兵不得不自毁炮台及弹药库，向东岐方向突围。闽江口要塞炮台相继失陷。李世甲率陆战队向亭头、闽安镇转移。

1941年4月20日黎明，李世甲组织部队反击。由于日军出动飞机助战，反击受挫。日军增援部队到达，东岐炮台陷入重围。至早上5点左右，海军马尾司令部接到国民党陆军第一百军军部兼福州警备司令部撤军命令，李世甲傲然不受，高声下令将海军陆战队主力集结于马尾、红山、闽安镇一线，死力守卫福州外围地带。在李世甲指挥下，海军陆战队拼死抵抗。双方伤亡都很重大，后因海军官兵陷入日军四面包围之中，李世甲最后于6点左右下达突围命令。为避免海军马尾要港基地的设施及物资落入日本人手中，李世甲下令将之全部炸毁，同时将因被击伤搁浅于南港的第二舰队旗舰“楚泰”号炮舰凿沉。当晚11点，当李世甲率领血渍斑斑的海军官兵登上鼓山时，早已从连江撤退至此的八十师和从长乐金峰撤退至此的七十五师陆军部队官兵，无不对血战殿后的海军肃然起敬。

1941年4月21日，福州第一次陷落。李世甲率领马尾海军各部门向古田转移。5月1日，第三战区二十五集团军司令长官陈仪委任李世甲为闽江江防司令兼海军陆战队第二独立旅旅长，所有水警大队和水警巡艇队均由其指挥，并调布雷队入闽。李世甲负责指挥海军陆战队、布雷队、特务连及水警大队、水警巡防艇队，继续抗敌。

为摧毁福建军队的指挥中心，1941年5月21日晚，驻福州日军1500人乘42艘汽艇，在10多架飞机的掩护下溯江而上，在闽侯昙石、甘蔗、白沙等地强行登陆。与此同时，另一路1500人的日军经大小北岭向大湖进犯。日军企图待两路兵力在大湖会集后再向古田挺进，然后进攻闽北战略要地南平、建瓯，进而直捣战时福建省政府所在地永安。5月23日起，闽江江防司令部下辖各部奋起抗击，历时3天，经过4场激战，歼敌600多人，击毙敌联队长新田，缴获大批枪支弹药及其他军用物资。这是日寇入侵华南以来最惨重的一次失败。日军无力顽抗，最后逃窜回福州，守军彻底阻止了日军妄图进犯福建腹地的阴谋。闽侯大湖战役成为福建省抗日首次大捷，在历史上留下了“闽海重光资一战，倭寇从此不生还”的壮烈诗句。

8月下旬，日军为准备太平洋战争大举南进，占领福州的敌人收缩后撤，陈绍宽命令李世甲收复马尾、长乐地区。9月2日，李世甲自谷口江防司

1942年福建省政府在大湖浮岛山顶建造大湖抗日阵亡将士纪念碑，碑下埋着两百多位阵亡将士遗骸。同时另将当地的寨上关改为“志雄关”，以纪念在该役中身先士卒、为国捐躯的陆军装备团副团长郭志雄

令部启程，率海军陆战队第四团向福州推进，配合陆军第八十师李良荣部主力收复福州，李世甲率特务排首先入城。海军陆战队第四团由轮船运输直趋台江、马尾，在马尾设立江防司令部，并着手恢复被敌人破坏了的闽江口阻塞线，防备敌人再次进犯。

1941年4月福州沦陷后，日军盯上时年79岁的海军耆宿陈兆锵，多次派人前往陈家游说，图谋让他出任“福州治安维持会”会长，帮助组织起日伪政权，网罗汉奸，维持占领。陈兆锵托病不从，并决绝宣示“若再逼迫，必自尽殉国”，同时安排家属准备后事。他对夫人说：“局势你都知道了，我不能担任伪职，如果他们再逼迫我……”说着，做了一个服毒的手势，接着说：“到时，你别惊慌，也不必请医生。”日军不甘失败，转而提出当维持会名誉会长，陈将军仍是以死相拒。日军再求其次：“只要陈将军在维持会

陈兆锵，字敬尔，号铿臣，福建闽侯螺洲人。1882年毕业于福建船政后学堂第二届管轮班。1896年被派往英国学习新式舰船制造。辛亥革命后，上海江南船坞由海军部接管，更名为江南造船所，陈兆锵以海军轮机少将军衔任首任所长。三年间制造各类舰船89艘，总排水量达17074吨。1915年调任福州船政局局长。任上督办福州制造学校和海军学校，创办全国第一家飞机制造厂。1926年因年事已高，在复调任江南造船所所长任上退休。1941年4月福州沦陷后，日军屡次诱逼陈兆锵出任“维持会”会长，陈兆锵坚决拒绝。抗战胜利后，鉴于陈兆锵在福州沦陷时宁死不屈的爱国精神，海军部颁给“凛烈可风”银盾，表彰其民族气节。陈绍宽以国民政府海军总司令的名义发嘉奖电函，赞扬“陈兆锵将军为我军之光”

举行成立大会那一天出席典礼仪式即可。”陈将军拍案而起：“什么一天？一天就等于一万年。”他告诉家人：“一日沦为汉奸，便要遗臭万年。”

正是这些宁死不屈的楷模，直接带动了福州、长乐民众拒当汉奸的社会风气，起到了正面的导向作用，有力地配合了周边的抵抗力量，使日军在攻陷福州期间，无法纠集到大批汉奸来配合其建立伪政权。四个多月后，无力久驻的日军不得不撤离福州。

1944年下半年，日军在各战场颓势尽显，但仍作垂死挣扎。1944年9月28日，日军再次向福州进攻。9月29日，日军从镇海筱埕登陆，李世甲所率海军及陆战队沿途阻击，在长门至岭头之间奋勇抵抗，终因大北岭陆军主阵地被敌攻占，奉命撤退。10月4日，福州第二次沦陷。李世甲后撤时，组织海军游击队，坚持在鼓岭等敌后阵地抗战，并在桐口、白沙一带继续与日寇抵抗，大小战斗40余次，互有伤亡。

1945年5月初，占领福州的日军见大势已去，准备撤退，海军总司令陈绍宽电令李世甲率海军陆战队克日收复马尾、长乐地区。5月18日，李世甲协同李良荣所率八十师兵分三路收复福州。

抗战期间，驻守福建的海军，面对强敌，毫不退缩，与侵闽日军进行殊死搏斗，付出了重大的牺牲，为全民族抗战做出了贡献。

五、战时海军教育

1937年全面抗战爆发后，设在马尾的海军学校先于9月迁至离校不远的鼓山涌泉寺，1938年6月再迁湖南湘潭，旋即于同年10月迁至时属西南大后方的贵州桐梓县城。海军学校租用城东节孝祠做校舍，师生俗称其为“金家楼”。学校租用后，又在楼前楼侧增修了图书馆、操场和其他一些附属建筑等。此即史称的桐梓海校。1942年初，校舍不够用，又将城隍庙前殿及二庑改建为饭厅、学生寝室和教室。

其时，海军学校设航海、轮机两个专业，原在马尾入学的航7、航8、航9、轮6班随校来桐。1940年8月，轮6奉命改为航10班。1941年2月，将航9、航10两班视力欠佳的12位同学编入新增设造舰班，继续学业。以上几个班均在桐梓海校毕业。1941年至1944年海军学校面向全国招收了航11、航12、航13、航14、轮6、轮7等6个班。

抗日战争胜利后，1945年底，军政部准备将驻桐梓的海军学校改组为海军军官学校。同时，桐梓海校迁往重庆山洞海军总司令部旧址，继续学习。

海军学校在桐梓办学的时间里，共招收航海、轮机班学生323人，加上从马尾海校西迁班级，共毕业311人。桐梓海校虽只存在8年时间，但在民族存亡之秋仍培养了一批海军高级人才，成为中国海军史上的珍贵一页。

桐梓海校被誉为抗日战争时期“中国海军的摇篮”。桐梓海校对学员要求极为严格，一年上课300多天，没有寒暑假，考试不及格者一律淘汰，违反纪律要受到开除处分。军委会副委员长冯玉祥两次找校长高宪申，为他的侄子冯纪远说项，希望能让留级两届的侄子保住学籍，结果学校仍按规定学科不及格将之淘汰。在这样的环境中，海校学员自觉形成了勤奋刻苦、严谨踏实的作风，保证了学校得以培养大量的海军优秀指挥人才。

当时的海校生高孔荣回忆说：“那时没有收音机，对外界几乎一无所知，可谓封闭的社会。我们的知识和观点，主要是靠主任、学监、队长和教官等老师的灌输，这些老师的言行对我们的影响极大。好在那时的老师都受

桐梓海军学校大门

桐梓海军学校校舍

第七届航海班是首届在桐梓海军学校毕业的班级，图为该班学生练习用六分仪观察太阳高度

第七届航海班毕业生合影

第七届轮机班学生1940年合影

1941年抗战相持阶段，时任海军总司令的陈绍宽（前排右七），怀抱必胜的信念，坚持海校招生，继续培养中国海军新人

1943年摄于贵州桐梓的原福州海军学校师生照，前排正中为海校训育主任邓兆祥。邓兆祥到任后亲手写下“雪甲午耻”的匾额，悬挂在桐梓海军学校图书馆的大门上

过良好的教育，不但有学问，为人也正派，他们都是本着陈绍宽部长‘做正直的军人’的要求，来培育我们的。所以我们所受的教育也是良好的。这确使我们终生难忘。”[1]这种源自船政的学制和传统，对学子们极富感染力，使金家楼各期毕业生自诩是“船政末代学生”。

当时物资匮乏，学生的衣裤鞋帽都是自己补了又补，彼此戏言：“头戴通天帽，脚踏实地鞋，身穿空前绝后服，君乃是空前绝后、顶天立地之人。”艰苦朴素、遵纪奉公，成为海军学子的工作作风。第十二届航海班的文干回忆桐梓海校时，曾感慨万分地说“金家楼是一所大学校”，“金家楼也是个大军营”，“金家楼又是个温暖愉快的大家庭”。刘达才回忆说：“金家楼教育严谨，教学认真，管教严格，海军8年严格的养成教育，足以塑成一个允文允武的标准军官。此外，金家楼教育的另一特色，入学后，全部英文本教学，因此金家楼出身学子，外语程度良好，而且气度恢弘，富国际观，具现代知识。金家楼人，学养深厚，有口皆碑，为其他海校所不及。”[2]

国难当头，桐梓海校的学子走出课堂，广泛宣传抗战。航7届学生主演话剧《凤凰城》，导演反映重庆抗战精神的话剧《残雾》、《金指环》、《杀狗记》，反映海军抗战事迹的话剧《布雷之光》、《中山舰》、《衡阳四十七天》、《战云情泪》、《江南之恋》、《田家镇》等轰动全城。航9届的学生于1942年春季，在当时水鱼雷班培训所在地的湖南辰溪，以“中国海话剧团”的名义，在辰溪剧场举行了他们利用业余时间排练了两个月的三幕话剧《反间谍》。原定只演两场，后应观众要求，加演一场，所得收入，全部捐献给前线。图为海军学校“海垒社”全体会员合影

1 高孔荣：《回忆桐梓海军学校生活——纪念入学50周年》，《海俊通讯》2007年第99期，第11页。

2 刘达才：《一个船政的末代学生——金家楼“雪甲午耻”教育之回顾与教训》，《海俊通讯》2008年第109期，第19页。

桐梓海军学校师生在抗战期间组织的音乐团队“铁甲歌唱团”，团员达三十余人。该团在海校和驻地举办演唱晚会，激励抗战到底，赢得海校师生与社会各界的赞誉

1941年，海军学校第七、第八届航海班学生在重庆参加全国抗战精神总动员游行，威武的军姿，严明的纪律，向国人彰显了中国海军后继有人

第八届航海班毕业生在金家楼校舍前合影

1941年2月9日，海军第八届航海班水鱼雷修业结业留影

海军学校第九届航海班观测天体

第九届航海班学生篮球队

第九届航海班在金家楼前合影

第十届海军练生枪炮修业完成合影

第十届航海班毕业合影

第十届航海班水鱼雷修业结业合影

第十一届航海班在重庆山洞合影

1943年海军学校招收学生在重庆山洞合影

在溱溪河训练的海校学生

海军学校足球队

1945年4月，第十二届航海班倪伯端、毛永炳两同学因视力不及格而被淘汰。图为全班同学欢送两位同学合影

1945年4月16日，第十三届航海班入学两周年合影

1945年10月第十四届航海班入校一周年合影

海军耆宿萨镇冰（二排右七）于1940年前往桐梓海校看望抗战中求学的海校学子，与海校师生合影

1943年第二次世界大战进入反攻阶段，海军总司令陈绍宽决定选拔一批优秀的海军军官赴英美留学深造。

中国海军留学生派遣发端于清末，多往英国和法国，后期则向日本派遣。民国初年，中国掀起了第一轮留美热潮。抗战时期以及战后，海军留英美学生人数虽大大减少，但也列留学生的首位。

1943年6月24日，第一批赴英海军参战受训总队在领队官海军上校周宪章的带领下离开重庆，远渡重洋，历时3个多月，于10月7日到达英国伦敦。随后入英国格林威治皇家海军学院潜艇科深造，学习航海、数学、船艺等基础科目。而后又被送往朴次茅斯海军枪炮训练所学习枪炮、鱼雷和通信等专业。

10月28日，赴美海军参战受训总队由领队官刘田甫带领，离开重庆。学员到达美国后，先后入士瓦斯大学海军专科学校、安那波里海军研究院等处学习。

1944年10月14日至16日，陈绍宽组织第二批赴英海军参战人员考试，录取26人。

1945年1月15日，第二批赴英学员在领队刘广凯的带领下到达英国伦敦。当天下午全体学员到英国南部海边小镇布莱顿海军后备军人训练中心报到，接受训练。

对于在抗战一线的中国海军，为适应战争需要，陈绍宽在领导水雷战、炮垒战的同时，同样不间断地培训海军官兵各种专业知识，去迎取最后的胜利。

除了正规学校之外，海军还开办各种训练班，以适应战争需要。这些训练班，有的附设在辰溪水雷制造厂，有的附设在重庆海军工厂内，也有的设在重庆下游唐家沱等处，培训海军官员和士兵各种专业的新知识，从未间断。所有这些人不仅参加了抗日战争的队伍，后来也有许多人加入了中国人民解放军海军和参加新中国各工业部门和交通部门的工作。

1941年10月，陈绍宽轻车简从，随带一部电台，秘密赴海军各单位及前线视察。他由重庆出发，“先后视察贵州桐梓海军学校、湖南辰溪水鱼雷制造所、安乡海军布雷队队部，及驻公安、松滋等六处游动漂雷队和驻沅江、湘阴、长沙等处的海军布雷队，还到江西上饶视察海军长江中游布雷游击队

受训的中国海军官兵

英国格林威治皇家海军学院为这批中国留学生专设了一个“中国班”，按英国皇家海军的传统要求进行训练。学习训练告一段落后，根据战时需要，将他们派往各个战区，到现役大型军舰上实习参战。1944年6月6日，诺曼底登陆战役打响，留英的中国海军军官全部参加了海上作战，他们被分派在巡洋舰、驱逐舰、战列舰、航空母舰上，分任主攻和掩护任务。图为1944年冬，赴英培训的黄廷鑫在战舰上值更

为与美对接造、修军舰，海军总司令部还特地组建中国海军造船人员驻美服务团，图为驻美服务团成员合影

第二批赴英海军参战受训总队在英国布莱顿海军后备军人训练中心合影

总队部和各大队，鼓励海军将士奋力抗击日寇，与敌周旋到底”[1]。前线海军布雷队在深入敌后布雷时得到新四军和中共地下党发动沦陷区群众的保护、带路，都“在他的思想上产生了深刻的影响，所以，后来他对皖南事变的发生，很感不满，认为国难当头，绝不应同室操戈，损害抗日，破坏合作；反给敌人以可乘之机”[2]。

六、布雷袭敌

1937年淞沪会战中，中国空军轰炸日军旗舰“出云”号失利，陈绍宽就委派曾国晟在上海南市祠庙内秘密设厂制造出经济适用的“国货水雷”，以备攻击日舰。虽未成功，但首创用水雷打击日舰的战例，影响深远。1938年，海军制雷所迁至湘西辰溪，建立制雷基地，加紧水雷的研制和培训布雷人员。抗战期间，海军大量生产抗击日寇的水雷，包括定雷9种，漂雷3种。1939年，海军布雷队和海军游击漂雷队先后成立。1940年2月，海军长江中游布雷游击队成立，下辖6个中队，13个分队，旨在破坏敌掌握中的长江水上交通，打击敌所依赖的战争补给线。同年，海军水雷制造所改称海军工厂，培训四期共200多名布雷队员，派往各抗日战场。

1941年9月，重组海军布雷总队。第一布雷总队由原浔鄂区洞庭湖布雷队扩编，第二布雷总队由原长江中游布雷游击队扩编，第三布雷总队由原海军布雷队、海军游击漂雷队等改编，第四布雷总队由原海军布雷队第六分队、川江漂雷队改编。

在抗日战争期间，中国海军转战要塞炮台和水雷游击战，是有效打击日寇的正确的军事策略。当时的报道称：“……没有一个河川不浮系着我们威

1　郑玉华编著：《陈绍宽一生》，福建教育出版社2001年版，第20页。
2　陈书麟编著：《陈绍宽与中国近代海军》，海洋出版社1989年版，第65页。

中国海军征用民间木船进行布雷作业

力猛烈的水雷和驻留着出生入死的雷队。沿水的战区，我们海军军人都公开或秘密地站在抗战的重要岗位”。“由于巫山炮台发出了击沉上犯六助港敌舰的第一声炮响，证明了海军军人兼长要塞战；由于黄浦江敌‘出云’舰中我水雷，才发现了海军在鱼雷舰炮以外的新利器，于是老旧军舰的大炮，迅速而有计划的移到陆上，奠定了海军炮队的基础。优秀的专门人员，从事于TNT及触角的研究，树立了装雷与布雷的先声，脱下翻领的水手们，不再站在驾驶台或坐在舟歇舵里，而是伏在观测所和立在木驳的船头，从事于他们的新任务了”。[1]

陈绍宽在《抗战六年来的海军》一文中描述了布雷队员的艰辛：“此种使命的达成，全藉我海军官兵的用命。第一须潜伏敌区，第二须偷越敌人据点，第三须设法船只，在沿江暨可以到达江岸各路线遍布敌人，江中不断有敌艇巡逻监视，以雷重路遥的情况，严寒、盛暑、雨雪、狂风的气候，及交通工具被管制的种种困难环境下来执行这种工作，实在是非常的艰巨，所以每次都在血与汗的交流下，造成了不少灿烂光辉的战绩。”[2]

1 徐盈：《中国的海军》，《海军整建月刊》1940年第1卷第6期，第63页。

2 陈绍宽：《抗战六年来的海军》，《训练与服务》1943年第1卷第4期，第23—24页。

海军各布雷队布雷区域

名称	布雷区域
第一布雷总队	1.长江流域九江至汉口段，汉口至岳阳段 2.洞庭湖区湘江、沅江各水道
第二布雷总队	1.长江流域芜湖至湖口段 2.福建之闽江、晋江、九龙江、韩江、涵江 3.浙江之富春江、瓯江、飞云江、浦阳江、桐江、曹娥江、镇海江 4.江西之鄱阳湖、赣江、昌江 5.广东、广西之西江等水道
第三布雷总队	湖北荆江一带，如石首、调弦、横堤、黄金口、松滋、新堤等水域
第四布雷总队	湖北宜昌、川江一带

中国海军在长江水域所布水雷

布雷游击区	布雷地段及日期	布雷数	炸沉敌舰艇数量
第一	湖口—江阴 1940年1月—1943年6月	1662（具）	148艘
第二	鄂城—九江 1940年4月—1943年6月	101（具）	17艘
第三	监利—黄陵矶 1940年4月—1943年9月	120（具）	14艘
合计		1883（具）	179艘

被中国海军水雷炸损拖回船坞的日舰“势多”号

触雷受伤的日本海军指挥官

大江雷声，喻示着中国海军的顽强抗战。用当时海军人回忆的一句话来说，就是“海军全军都在拼命”。

陈绍宽还总结了海军水雷战的战绩：“平均约十具漂雷，可以换取敌舰一艘……包括有中型舰、运输舰、商船、汽艇等，其物质损失的价值，至为重大，譬如炸沉一条运输舰，其中满载的，或是兵员，或是械弹，或是军需物品，或是各种器材，其损失金额实不止舰身的价值问题，同时使敌人水上运输日趋崩溃之途，可以减轻我反攻时之障碍。”[1]

倪行祺，原名郑恒铮，福建闽侯（今属福州）人。1941年毕业于桐梓海军学校第七届航海班。毕业后充任海军军官学校测量队队员、海军布雷队第三分队队长，率部在湘阴实施抗日布雷游击战。自1941年9月至1944年6月共布水雷23次1971具，为海军军官个人布雷最高纪录，被列为1944年海军总司令部10位特优人员之一

1　陈绍宽：《抗战六年来的海军》，《训练与服务》1943年第1卷第4期，第23页。

1941年6月，陈绍宽签发的倪行祺海校毕业证书

当时的布雷队员证章

三次参加湘北会战布雷活动的倪行祺回忆说：“湘阴布雷队在第一次会战前已成立。队长之下设队附二人，布雷员二人，士兵四十余人。另有手摇无线电发报机一台，配电官三人及民夫数人。拥有小火轮一艘，驳船十余艘及民船一艘，均向民间租用。小火轮为布雷队拖带雷驳唯一的动力。雷驳为木制民船，全部从武汉撤退下来的。甲板上装有木制的雷轨、水雷及雷坠横

时任海军长江中游布雷游击队副总队长的叶可钰与他捕获的日军水雷合影

海军湘阴布雷大队合影

第二次湘北会战胜利后，海军湘阴布雷大队祝捷留影，与上照相比已减员6人。海军湘阴布雷大队在四次湘北会战中共布下数千具各型水雷，筑成全面完整的阻塞封锁线，使敌海军多次进攻受挫，20余艘汽艇被炸沉，无法在湘、沅两江活动，导致陆海军不能配合作战，首尾无法兼顾，对中国守军取得三次长沙大捷功不可没

中国海军的出色布雷，使入侵的日本海军舰艇无法进入长沙水域配合陆军，而我陆军守军则可利用该水域机动调配，重创日军

卧其上，下面垫有楔形木头，以防摇动。布雷时，拿走楔木，由四名水兵推向船舷，抛入水中。每艘雷驳可装载三十到四十具水雷不等。士兵无多，除日夜站岗守卫外，尚须担任管理雷驳及对水雷的定期保养。”[1]

“尤其二、三次湘北会战，日军已迫近长沙近郊，但布雷队的船只，仍能停泊长沙江面的牛头洲安然无恙，亦应归功于布雷的效果。其后两年中湘北无战事。”[2]

海军还在鄱阳湖、赣江、瓯江、甬江、闽江、西江等处实施了广泛布雷，封锁日军。据不完全统计，至抗战胜利，海军布雷游击总队仅在第一游击区就布雷1370具，炸沉炸伤敌舰船114艘。海军八年来共击沉敌舰船186100余吨，绝大多数为水雷所毁。[3]

1 倪行祺：《湘北会战中海军的布雷活动》，《福州文史资料选辑》第15辑，1996年，第164页。

2 倪行祺：《湘北会战中海军的布雷活动》，《福州文史资料选辑》第15辑，1996年，第165页。

3 蒋文澜：《中国抗日战争实录》，江西人民出版社2011年版，第171页。

中国海军以海空战、阻塞战、要塞战、水雷战等多种战法，在实力极其悬殊的境况下，仍取得辉煌战绩，写下了浓墨重彩的一笔，使日本海军在侵华战争中屡遭挫折。陈绍宽总结道："海军抗战事略，向来极少发表，盖不欲大肆宣传，事实足以表明一切。"海军抗战，"适足达成我消耗战、持久战之目的，而完成歼灭战之任务"。[1]

严传经，字子政，福建侯官（今属福州）人。1920年毕业于烟台海军学校第十二届驾驶班。1935年任"义宁"炮艇艇长。全面抗战爆发后，率"义宁"炮艇在鄱阳湖、江阴一带布雷、巡防。1938年6月25日下午，"义宁"炮艇在大孤山对岸白浒塘煤驳准备装煤出发布雷，被进袭湖口的九架日机发现。时年43岁的艇长严传经指挥炮艇一边回击，一边规避落弹点。炮艇得以保存，自己却不幸为弹片所中，英勇殉国，是为抗战中第一位牺牲的海军舰艇长。其生前曾训勉该艇官兵："抗战时期，正是我们杀敌报国成仁之机会，大家切勿错过此种机会，大家不可畏惧，更不可退缩，在海军人字典中，并无艰难、困苦、危险等字……"

改装成布雷艇的"义宁"炮艇

1 张晞海、王翔：《中国海军之谜》，海洋出版社1999年版，第401页。

李长霖，福建闽县（今属福州）人。1932年毕业于马尾海军学校第三届航海班。历任“海容”舰鱼雷副及“通济”、“永绥”、“应瑞”舰航海副。1938年充任海军九江布雷队队员。1939年7月17日夜，李长霖带布雷队队员于黑夜驾驶小火轮越过雷区，前往下游马当湖口一带布雷。任务完成后，小火轮上驶，因水流湍急，尾舵忽告失灵，船身触及雷位，立被炸毁。李长霖壮烈殉国

吴征椿，字幼舟，福建闽侯人。1925年毕业于烟台海军学校第十七届航海班。全面抗战爆发后，随“永健”炮舰参加对日作战。后任第二舰队“江犀”炮舰副舰长、温州布雷队队员、瓯江布雷队队员、布雷游击总队第六大队第十三分队中队长，负责浙江沿海港口的布雷任务。1941年4月17日，日军从浙江三江城登陆，围攻绍兴。吴征椿率领布雷队到椒江、瓯江水道及飞云江水道抢布水雷，阻敌前进。当布雷队进至老鼠屿时，敌舰发炮，弹下如雨，吴征椿率部冒着生命危险，圆满完成了布雷任务。返回驻地途中在岩峙与敌遭遇，众寡悬殊，不幸被俘，壮烈殉国

陈绍宽主持的水雷破袭的赫赫战果，让日本海军“控制长江、溯流西侵”的妄想，完全成了泡影。1941年3月，蒋介石亲自给海军总司令部发去手令，认同海军在长江“采用游击布雷截断敌人水上交通，消耗敌人物资力量”，是“较任何武器均有过之而无不及”的正确方略，并指示沿江各战区长官“转饬（陆军）部队，对于布雷人员须特别保护”。

美国《纽约先驱论坛报》驻远东记者汤姆斯·密勒在《密勒氏评论报》曾

对中国海军在抗战中的表现做出评价："中国海军人特具的性格、所表现的沉着英勇和誓死牺牲的伟大精神以及他们破釜沉舟的做法，这是值得世界上任何国家所效仿的。"这一殊荣，对于全程坚持抗战的中国海军而言，实至名归。

七、坚守石牌

自1939年3月起，失去舰艇的1200名中国海军将士，按照陈绍宽的指令，将他们从舰艇上拆卸的炮械，历尽千辛拉上陆地要塞，在湖北宜昌石牌至四川万县间航道要隘处，择险构筑了大小炮台十余座，形成一道扼守长江的铜墙铁壁，护卫着西南大后方。

宜昌石牌，位于长江三峡西陵峡右岸，依山傍水，是当时的军事重镇，

石牌抗战要塞遗址

六战区前进指挥部、江防军总部等均设于此。它下距宜昌城仅30余里，自日军侵占宜昌后，石牌便成为拱卫陪都重庆的第一道门户，战略地位极为重要。若其有失，敌人便可溯江而上，直指重庆。为拱卫陪都，中国海军于1938年冬就在石牌设置了第一炮台，其左右有第一、第二分台，安装大炮共10尊，为长江三峡要塞炮台群的最前线。与之相配套的还有川江漂雷队、烟幕队等。驻守石牌的海军官兵共有100多人。由于石牌与宜昌几乎处于一条线上，要塞炮台的炮火可以封锁南津关以上的长江江面，极具威慑力。正因为此，军委会派重兵防守，敌我双方生死相搏，其间所发生的战斗数以百计。

石牌保卫战前夕，海军总司令陈绍宽乘“永绥”舰亲临第一线，召集要塞各台海军官兵训话，勉励海军团结抗战，夺取最后胜利。海军官兵发扬舰队精神，同舟共济，共筑炮台。他们布伪装，修工事，隐炮位，放烟雾，使日寇飞机始终找不到轰炸的准确位置。为了持久抗战，他们着土布，宿土屋，养猪羊，种副食。海军将士就是在这样艰苦的条件下坚守炮台五年多。

设在要隘居高临下的机枪防线

严阵以待的江防军。据美国《时代》周刊记者从第六战区前线发回的同期报道称，其“兵士有百分之七十以上在战场上受过伤，经医疗后重返前线。大多数兵士原隶属别的精锐部队，经甄别后编入最精锐的荣誉师来”[1]。而与这支荣誉之师并肩作战的正是失去了战舰的中国海军

海军巴万要塞第四总台海军指挥官合影照（改着陆军服）。该台位于瞿塘峡口。巴万要塞各台均设在山腰，日军无法侦知炮位，也就无从轰炸。而日舰只要敢于溯江而上，我海军在长江上游的任何一段炮台都能准确命中

1　雪华译：《宜昌前线》，《良友》1941年8月号。

海军巴万要塞第四总台的生活营区

“武汉转进以后，除了一些内河炮舰，我们的军舰差不多都牺牲了。但是我们的海军并没有放下了武器，相反的，海军的活动比以前更活泼更有效了。我们转移到陆地上，穿着和陆军一样的制服，也把舰炮拆卸下来拉到陆上。我们不仅成了无数的流动炮台，在长江中游随时破坏敌人的航运，而且变做无数不沉的鱼雷艇，随地放出漂雷，使敌舰寸步难行，所以五年以来，敌人还一直不能维持沪汉之间的正常航运。宜昌沦陷也已三年了，汉宜间的通航更是渺无消息，这固由敌我平分了长江两岸，而最主要的还是遭受我海军漂雷的威胁。这次鄂西战役中，敌军首次把大批军舰运输舰开到宜昌，可是我们夜里放漂雷下去，炸毁它几只，天亮敌舰便跑光了。”[1]

1943年5月28日，日军开始向石牌推进，中国军队与日军展开殊死决战。战至6月2日，中国军队全线反攻，使不可一世的侵华日军遭到空前惨

1　张剑梅：《石牌要塞话海军》，《海军杂志》1943年12月第16卷第6期。

方莹，字琇若，福州人。1916年入吴淞海军学校学员班学习，1917年入南京海军鱼雷枪炮学校学习。1938年任黄鄂区要塞第一台台长并兼任布雷队队长。1939年任川江要塞第一总台上校总台长，后调任宜万区要塞第一总台台长。1940年宜昌沦陷后，石牌成为江防最前哨，陪都重庆的第一门户。方莹深感责任重大，决心死守江防第一门户，阻止敌兵西侵。1940年获光华甲种一等奖章，并记功一次。1941年获干城甲种一等奖章。1943年5月，日军重兵包围石牌要塞，方莹率领守台全体官兵在石牌爱国商民的积极支援下，与国民党陆军胡琏部互为掎角，密切配合，共同打退日军的进攻，被记大功一次，并获六等云麾勋章。1948年5月方莹任海军少将并除役回乡，同年9月复任海军少将。后辞职返闽组织反蒋活动。新中国成立前夕，方莹利用自己和家族在海军界的影响，动员海军人员不去台湾，留下参加新中国海军建设。1949年8月福州解放后，成立在闽海军人员联谊会，任总干事，组织集体起义参加人民海军。1950年5月任人民海军第六舰队副司令员。1951年奉调为华东海军干部轮训班副主任，后改任华东海军司令部航海业务长和海军联合学校专科主任、海军司令部研究委员会副主任

石牌要塞崖壁上镌刻题词：石牌巍巍，江水荡荡，英名不灭，天长地久

败，取得了以“太史桥大捷”为标志的石牌保卫战主战场的彻底胜利。石牌保卫战的胜利，使拥有海陆空立体作战能力的强寇，再也没有了大规模向大西南进攻的军事机动力。

八、后勤保障

后勤保障对战争的胜负具有重要作用。全面抗战期间，陈绍宽领军的海军后勤战线活跃着一批无冕英雄。

淞沪会战爆发后，为免日本特务发现中国海军在研制水雷，曾国晟将试制水雷工场放在南市佛庙大殿的后面。庙里僧人给予大力支持，自发地担负望风把门的任务。后来，因为日机白天轮番轰炸南市，员工们只能在夜晚工作。试制工作开展了一段后，僧人发现庙里常有些行动诡秘的香客，立即报告了试制工场里的海军。

很快，曾国晟就将试制工场转移到上海枫林桥的海军海道测量局内。枫林桥工场设备非常简陋，工作危险度极高，造水雷需要用蒸汽溶药锅溶化炸药，当时这种锅买不到，官兵们只得用特大号铝锅顶替。参加试制的海军军官都经过海军学校严格训练，明知这样违章操作，稍有不慎就有可能牺牲，但他们早就将生死置之度外，参加试验的人员没有一个退却。

水雷制造厂制造的第一批水雷是电发水雷，取名“海军式”，当月就试制成功并投产，再送往抗战前线，敷设在黄浦江三条阻塞线上，并在陆军各防区港汉要点布雷，解除陆军后顾之忧。9月28日晚，布雷兵王宜升、陈兰藩携带三枚水雷，泅水靠近侵华日军旗舰“出云”号，准备破除防雷网时被日军发现，王、陈二人引爆水雷后撤离。陆军还用这批水雷破坏了沪西徐家汇桥梁，阻止日军前进。最让试制人员解气的是，中国军队还用这批水雷炸毁了上海日租界的日清码头。

上海沦陷后，曾国晟成功地将所有试制水雷的人员和仪器、原料带出上

上海日租界的日清码头，为日本军舰、客货轮停泊的专用码头，后为中国海军生产的首批水雷炸毁

海，辗转到达南京。但由于国民党中央政府各机关已全部撤往武汉，便立即再迁往武汉，在汉口海军监造室造雷并组织和指挥布雷队。

1938年1月，海军水雷监造办公处成立，并在湖北岳州设溶装炸药工场。至此，海军水雷制造厂不但机构更加完整，规模也有所扩大。

1938年4月，海军水雷制造厂开始正式生产“海丁式”触发固定水雷。每具水雷内装炸药约136千克，月产1000具，在武汉期间共生产约7000具，全部布放在长江中下游阻击敌舰。1938年10月，日军进攻武汉前，曾国晟组织海军水雷监造办公处全体人员撤出武汉，迁至常德。在常德，海军官兵加班加点研制出“海庚式”漂雷。后来漂雷主要用于长江布雷，因为长江江水向东流下，漂雷能主动攻击敌舰。官兵们还在球形浮标外表涂上接近江水颜色或西瓜皮色的油漆，使其不易被敌舰发现。

在常德期间，官兵们还研制出“海戊式”中型固定雷和“海已式”小型固定雷。前者内装炸药约45千克，后者内装炸药约23千克，主要布放在洞庭湖、鄱阳湖以及湖南的湘江、资江、沅江、澧江，用于封锁敌舰艇航道。

1944年，海军水雷制造所改称海军第二工厂，下设制雷、机械、炼油三部。工厂不断根据前线官兵布雷需要，改进、研制出适合各战区重创日寇的各式触发水雷，为中国海军的水雷战，源源不断地提供克敌制胜的利器。

海军最初生产水雷的工场

威力强大的“海丁”式触发水雷（左）和各式漂雷（右）

海军自制定雷

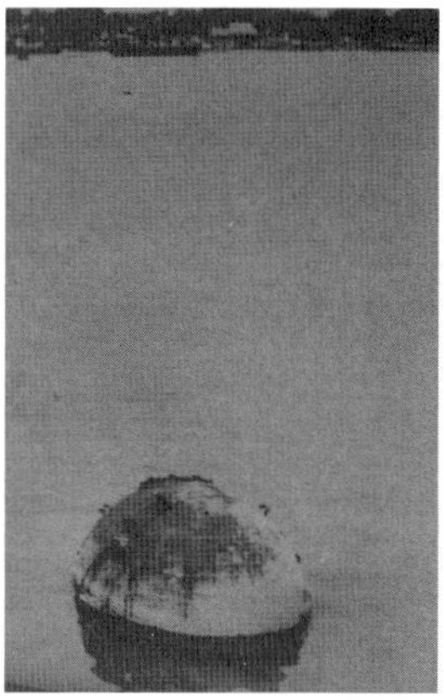

江中漂雷

曾国晟，字拱北，福建长乐人。1921年毕业于烟台海军学校第十三届航海班。抗战中，专司制雷与布雷工作，被委任为海军水雷制造所中校所长兼海军布雷游击队第一、三、四、五分队总指挥。1940年7月，曾国晟因勋绩卓著，被誉为抗日“制雷英雄”，授予五等云麾勋章，记大功一次。1947年调任增设的海军总司令部第六署（技术署）少将署长。后参加起义，加入人民海军行列。新中国成立后历任华东海军司令部研究委员会副主任、华东海军修造处处长兼江南造船所所长、华东军区海军后勤司令部副司令、北京海军司令部修造部总工、海军司令部研究委员会委员等职

为抗战加速生产的中国军工厂

战时汽油进口困难，重庆的炼油厂提炼桐油代替汽油作为供给车辆的燃料，品质良好。这个技术也推广到了辰溪的海军水雷制造厂。图为桐油油池

1940年9月4日，日军大举轰炸辰溪海军水鱼雷营，副营长梁忻及其他25名官兵牺牲，10余名眷属亦殉难。

在研制水雷的过程中，海军既借鉴了西方国家制造水雷的传统方法，又自力更生，立足抗战时期国内制雷材料、设备、工具欠缺，生产环境艰苦，还要多次搬迁的实际情况，克服种种困难，生产出多品种、多规格的水雷产品，并且培训大批的布雷人员。

全面抗战爆发后，陈绍宽下令组织江南造船所内迁。1937年9月，江南造船所内迁到重庆。

迁往重庆山洞生产的海军军工厂

艰苦备尝的设备转运战

1938年10月，武汉沦陷，宜昌危在旦夕。斯时，从上海、南京、武汉撤退到宜昌的重要工业物资约9万吨，亟待转运到重庆。“全中国的兵工工业、航空工业、重工业、轻工业的生命，完全交付在这里了”。卢作孚的民生公司从中国海军手里接过接力棒，以22艘轮船和2艘外轮，再加上租用的850艘民间木船，顶着日机的轰炸，穿行湍急的峡江激流，最终仅用40天的时间就完成了原需一年的抢运。此次运输，民生公司116名员工捐躯，61名伤残，更牺牲多员民间木船水手，可谓勋业照人。冯玉祥称卢作孚的民生公司是“救国公司”。此外民生公司下的民生机器厂，是当时大后方最具实力的修造船中心，承担了民生公司及其他航运公司船舶的修理、改造和新造等任务，并承接船舶施救、打捞及其他厂矿企业的机器修理、制造等业务。仅1937年至1939年就分别修船88艘次、122艘次和约500艘次；1939年至1943年新建船舶19艘，改造船舶8艘，为发展后方水运工业、确保战时后方运输做出了卓越贡献

迁入重庆南岸的海军第一工厂（该厂机器设备是上海江南造船所内迁的）负责修造战时所急需的海军舰船和军械，及适应于川江航行的小炮舰和运输船，为海军布雷作战提供充足的水面运力。江南造船所造船专家叶在馥，开创了以国产材料建造现代机动船舶成功的范例，解决了当时客货运输的急需，同时培养了一批造船技术人员。毕业于福州飞潜学校丙班的陈薰、薛聿聪以及多名飞潜学校同学在江西成立江西车船制造厂，陈薰任经理，维修汽车、船只，并且制造动力拖船。乙班的欧德等人撤退到重庆，重新成立海军修造船所，欧德任生产处副处长，修造用于江河航行的小炮艇和运输船。

马德骥，1910年毕业于江南水师学堂第五届轮机班。后赴英国学习船炮技术，续又转往美国麻省理工学院攻读舰船制造。1925年起任海军马尾造船所所长、福州船政局局长等。1928年调任江南造船所所长，1930年改任顾问，1935年复任所长。抗战时期转移部分设备到重庆，在后方组织修造船舶为抗战服务。1944年4月，马德骥任国民政府海军赴美造舰服务团团长，率团赴美国纽约、费城等海军船厂研习船体、轮机和武器装备等修造新技术。马德骥在战后重建海军江南造船所中积极推广焊接造船新技术，建成中国第一艘全电焊结构舰“民铎”号，开创了由铆钉造船走向焊接造船的历史性转变

叶在馥，字乃芬，广东番禺人。1906年以第一名的成绩毕业于广东黄浦水师学堂第九届驾驶班。1912年秋入英国格拉斯哥大学造船系学习。1915年奉命调赴美国入麻省理工学院，学习军舰设计与制造。1917年10月回国。主持设计当时最大的川江浅水客货船“隆茂”号等30余艘同类船只，每艘新船的性能都有所改进，为江南造船所赢得了声誉。同时，他还为海军、海关设计浅水炮艇、巡逻艇、缉私艇等。1930年主持设计了由中国人独立建造，当时国内技术要求最高的“逸仙”号军舰。全面抗战期间，在重庆担任民生机器厂总工程师，组织对民生公司被炸沉、炸伤以及触礁的船只进行抢修，卓有成效，解决了当时客货运输的急需

同期，上海的飞机厂奉命内迁，设备、工程技术人员、工人沿长江向西，在搬迁中还坚持生产、维修。飞机厂后改编为中央航空委员会第八飞机修理厂，曾贻经任厂长。他有丰富的理论知识和实践经验，还有以飞潜学

抗战时期的军工企业照

海军修械所在抗战期间修造大量枪械，为抗战胜利做出贡献

校、工程处为骨干的工程技术人员、工人等配合。如设计股股长郑葆源、发动机股股长陈长钧、装配股股长沈毓柄、技正马德树等。在当年的十几个飞机修理厂中，以马尾技术人员为骨干的第八飞机修理厂，技术水平高，维修飞机进度快，质量好。许多战机经他们“妙手回春”，重上蓝天升空作战，一展雄风。第八飞机修理厂也因此在空军部门大受称赞，成为科技救国的典

中国机械师维修飞机发动机

进行飞机机翼骨架结构组装

为飞机发动机做清洗检修

中国机械师维修美国援华战机

范。抗战进入战略相持阶段后，空军作战成为保卫大后方和交通线的重要支柱，飞机的生产与制造成为战时船政人服务于抗战的重要领域。

曾贻经，字稔畬，福建福州人。1909年毕业于烟台海军学堂第三届驾驶班。1910年赴英国学习，1915年转赴美国学习飞艇、潜艇各技。1917年回国后，于福建马尾飞潜学校任教官，在福建马尾筹建中国第一个飞机制造厂。1919年设计制造成功中国第一架水上飞机——“甲型1号”初级教练机。1928年任海军制造飞机处副处长。1935年任海军制造飞机处上校处长。至抗日战争全面爆发前，曾贻经领导的上海江南造船所制造飞机处共研制、生产了约20架飞机。全面抗战期间，曾贻经在兵工厂负责维修飞机

曾贻经

抗战时期建在山洞的海孔飞机厂，马德树任厂长

飞机厂自行制造的“中运一”式运输机

马德树（左）在检查发动机装置

制造机身零件

九、接受赠舰

陈绍宽领导的中国海军，在艰苦卓绝的抗战中表现出昂扬不屈的斗志，自行探索出来的守垒布雷战技，赢得了盟军的尊敬与信赖。当时美国为共同抗日，对战争资源匮乏的中国战场，主要通过驼峰航线运送援助物资。由于驼峰航线的巨大危险性，使得美方产生建立海上航线来减轻或取代驼峰航线的想法。1943年底，美国决定向中国赠送一支护航舰队，包括护航驱逐舰2艘、扫雷舰4艘、巡防舰2艘。

接受盟军赠舰，之前已有先例。全面抗战爆发后，英美法等国在中国的几艘内河炮舰被堵在长江上游。这些国家在对日开战后索性都将炮舰赠予中国，好将兵员撤离。如1942年2月8日，英国海军部宣布将滞留在川江的江河炮舰"隼"号、"塘鹅"号、"泥鸟"号三艘江河炮舰赠予中国海军。

图为陈绍宽代表中国接收盟国赠舰

1931年完工时的“隼”号，赠予中国海军后重新命名为“英德”

1932年时的“塘鹅”号，赠送中国海军后重新名为“英山”

1933年完工时的“泥鸟”号，赠送中国海军后重新命名为“英豪”

1942年重庆江面移交“美原”

英海军部宣布将三艘军舰赠予中国后，引发美国效仿，也将滞渝炮舰一艘赠华，命名“美原”。

1944年9月28日，重庆国民政府海军总司令部接收法国滞留川江的浅水江河炮舰“柏年”号，改名“法库”。[1]

1　本艇接收后不久即报废。

尽管此前已有接受赠舰的经验，但成建制地赠送护航舰队，这是头一遭。陈绍宽为组建这支护航舰队，重振中国海军，煞费苦心。首先，从抗战中表现优秀的现役海军军官里遴选能胜任越洋指挥的林遵等人担任舰队指挥官。

“因为是国际军事任务，所以各方面要求条件较高，需经过推介、保送、面试、笔试、体能测试等严格的道道程序进行选拔。军官队成员来自黄埔海军学校、马尾海军学校、青岛海军学校和电雷江防学校等院校的历届毕业生，士兵队成员由于原有的人大都文化低，不懂外语，不得不使招兵对象转移到具备英语基础高中以上的青年学生。当时内迁九龙坡上海交通大学航海、轮机、造船三系各年级的报考人数最多，其他如重大、政大，包括中学中的中正、南开、求精、立人等学校也有一部分，不少是大学修业的学生，场面十分踊跃。”[1]

“1944年12月下旬，这批队伍正式组成，除海军的主要兵种如：航海、帆缆、轮机、枪炮、通讯、电气外，还有厨师、文书、财务、杂务等，甚至还有文化艺术人才。大家陆续报到后，在停泊唐家沱江面招商局的轮船‘江顺’‘江新’上进行编队整合，授名：赴美接航参战士兵总队。总队分设9个中队，每中队有110—120人。总队长潘佑强（陆军中将、黄埔一期学生），副总队长魏济民（海军中校）和许世均（海军少校），9名中队长由军官队抽派。学员们的生活全部实行公费制，福利待遇好，发有冬季上下装全套灰色棉制军服，统一胸佩‘军事委员会海军选派学员大队’徽标。训练分三个阶段：首先培训基础英语，其次学习综合海军知识与技能，最后实地训练，每天由各个中队长带领到河滩上进行海上必备体能素质操习。”[2]

1945年1月28日，重庆国民政府赴美海军参战受训总队60位军官和1000名士官兵，在潘佑强、魏济民等人带领下，经澳大利亚转赴美国，入美国安纳波利斯海军研究院受训。

“1945年秋，驻美武官刘田甫电报称：‘美海军命令，8舰于9月12日改升中国国旗，不宜举行仪式，查系因租借法案失效，故美方不愿公开，以免引起国会异议。’1946年1月间，8舰舰队驶抵古巴美国海军基地关塔那摩，与美海军遂行混合训练4个月，于4月8日离开古巴回国，历时3个月，于7月19

1 《唐家沱与中国海军》，《重庆政协报》2015年8月25日。

2 《唐家沱与中国海军》，《重庆政协报》2015年8月25日。

在美国海军学校受训的中国海军军官

来美接舰军官英语训练毕业典礼

第一批赴美接舰海军军官合影

赴美接舰参战士兵总队下设九个中队，图为九个中队长在美国迈阿密公园合影

第二批赴美接舰海军军官合影

海军接舰军官在美国迈阿密海军训练中心合影

1946年4月接舰官兵抵达古巴哈瓦那，在街道上游行

停泊在巴拿马海峡的美赠舰艇

日抵吴淞口，21日抵南京下关，24日在下关举行归国典礼。”[1]

1946年7月11日，接舰官兵在回国途中驶抵日本横须贺。当踏上日本的土地时，中国海军官兵无限感慨：“这次中国舰队是以战胜国的姿态，首次出现在日本东京湾，真是一洗百年国耻，令人扬眉吐气。”

1　徐学海：《抗战期间中国海军选派官兵赴英、美留学接舰经纬》，《海俊通讯》2004年第82期。

林遵，原名准，字遵之，福建闽县（今属福州）人。1928年毕业于马尾海军学校。1930年赴英留学。1934年回国后任“自强”舰副舰长。1937年赴德国学习潜艇技术。1939年回国，先后任海军第二布雷总队第五大队大队长、第五游击布雷中队少校队长。1946年率美赠8舰回国。10月率舰队前往南沙、西沙宣示主权。1949年4月率部起义，任解放军东海舰队副司令，1951年任解放军军事学院训练部海军教授会主席，1957年任副院长

十、袍泽情深

陈绍宽领导的这支经费拮据的技术军种，依靠铁的纪律、不屈的斗志、团结的传统，从黄浦江打到川江。当舰艇力量损失殆尽后，海军官兵仍坚持五年多的守垒、布雷战，将日本侵华军中极具战力的海军，拦截于川江门户。陈绍宽在《抗战六年来的海军》中自豪地写道：“海军并不是没有了海就没有军。”“海军是常在其应当在的地方，现在还在那里奋斗。”[1]

为了这场旷日持久的胜利，1万多名海军将士牺牲在抗日疆场，海军全军减员近半。“海军抗战的工作，是普遍在全国的……厦门一役，海军血战最烈，有一个设在何厝的炮台，战至只余一兵没有死……”[2]

1　陈绍宽：《抗战六年来的海军》，《训练与服务》1943年第1卷第4期，第24页。

2　陈绍宽：《抗战三年来海军工作之检讨及今后发展之方针》，《军事杂志》1940年第126期，第69页。

《海军杂志》1939年第12卷第2期刊载的陈绍宽照片

设在马口的海军抗日阵亡将士纪念碑，上书：壮士不还，惟此丰碑

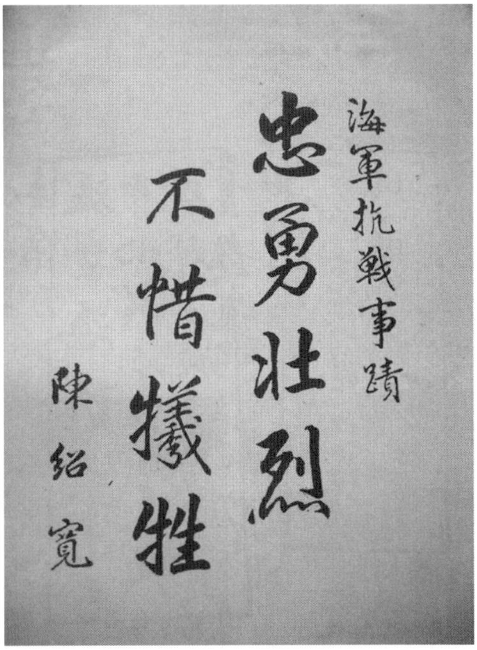

陈绍宽对中国海军在抗战中的八字总评：忠勇壮烈，不惜牺牲

林保钿，福建闽侯人。由补充营二等兵升海军陆战队第二旅第三团第二营第五连一等兵。1937年9月3日在厦门湖里山炮台与入侵日舰激战中阵亡，年仅17岁

陈绍宽领导这支抗战海军，除了始终坚持秉承爱国主义传统外，还重视凝聚军心斗志，增强其“同舟共济”的特性，从而形成打不散的战斗力。全军上下一条心，在江阴海战中，海军部常务次长兼第一舰队司令陈季良将军，担任江阴封锁区总指挥，坐镇一线五十多天，腰部中弹，不下火线，为全军做出表率。还有壮烈殉国的严传经舰长、萨师俊舰长……无不身先士卒。正是这种中国海军人特有的性格，使他们在舰沉船毁后，还要卸下舰炮拉上炮台要隘，制造各式水雷，跟入侵的日本海军继续干。部队打散了，受伤落伍了，海军人拼死也要找回自己的队伍。

当年创下海军军官个人布雷最高纪录，被列为1944年海军总司令部10位特优人员之一的倪行祺，在去台后的回忆中，仍念念不忘：“陈绍宽总司令对在前线的作战官兵特别重视，除薪俸外，尚有少许加给，对于提高士气，大有裨益。当时的陆军士兵，每天只吃两餐，而海军士兵，仍能维持三餐，非常难得。上述琐事，是抗战中海军官兵生活的形形色色，最能表现出抗战精神。”

不仅如此，陈绍宽在抗战期间还从有限的海军经费中拨出专款，设立海军抗战荣誉官兵休养所，安置受伤残废的官兵；设立海军抗战遗族和荣誉军人儿童教养所，收容阵亡或残废官兵未成年的子女来教养。

“国内外有不少军事评论家指出，在日本帝国主义发动全面侵华战争时期的海陆空三军中，最有希望施展身手、最有把握轻易取胜的是日本海军，然而实际上恰恰是日本海军在侵华战争中屡遭挫折，战果最小。原因固然有

许多，但其中也不能不归功于中国海军的出色表现。”[1]而中国海军的种种出色表现，也有赖于他们的领军人——陈绍宽将军。

1945年6月11日，布雷队队长林遵上校代表中国海军布雷队接受中国战区美军总司令魏德迈颁发的勋章。左起为：海军上校林遵（获铜星奖章）、蒋介石侍卫长钱大钧将军、军政部少将处长刘云翰将军（获军官级军团荣誉勋章）、军政部政务次长林蔚将军（获司令级军团荣誉勋章）、魏德迈将军、政治部部长陈诚将军（获司令级军团荣誉勋章）、军训部部长白崇禧将军（获司令级军团荣誉勋章）。从照片中，我们看到盟军对中国海军在抗战中贡献的肯定。它还让我们看到全程指挥海军抗战的陈绍宽让一位布雷队队长代表海军去领奖，而同照的陆将中没有一位是一线英模 。这就是陈绍宽治下的与众不同的抗战海军

1　张晞海、王翔：《中国海军之谜》，海洋出版社1999年版，第401页。

雪洗国耻

十四载烽烟终息，侵略者梦断黄泉。深陷人民战争的汪洋大海的日本，在1945年8月15日无条件投降。全程指挥中国海军抗战的陈绍宽将军，作为国际知名的代表人物，出席联合国制宪会议和南京受降仪式，满怀雄心接收日本海军降舰，着手重建中国海军。

一、参加联合国制宪会议

1945年4月25日至6月26日，联合国制宪会议在美国旧金山举行，中国作为世界反法西斯战争战胜国之一出现在国际舞台。中国共产党代表与国民政府代表共同组成中国代表团参会，在国际上享有声誉的时任海军总司令陈绍宽，作为军事顾问团和联合国安全理事会军事参谋团中国代表团的海军代表随团参加。

中国代表团合影（第二排左起第六人为陈绍宽）

6月26日，王宠惠、顾维钧、魏道明、吴贻芳、李璜、张君劢、董必武、胡霖等八人代表中国在联合国宪章上以中文逐一签字，中国成为联合国缔约国和安理会常任理事国。

中国代表团入场，右一为陈绍宽

董必武在联合国宪章上签字

陈绍宽此行对中国共产党和民主党派有所接触，对中国共产党和民主党派的政治主张有了更进一步的了解，这对他的思想转变有所促进，使他更坚定了反对内战的信念。

陈绍宽参加联合国制宪会议时访问美国北美航空公司，参观新制飞机，站立者为周应骢

陈绍宽参观美国海军新式飞机“飞箭”号

此时的陈绍宽还满怀建设新海军的雄心，他第三次提出了建设航母的计划：战后的海军建设可分三个阶段，每个阶段为十年。第一阶段可以先建造1万吨和8000吨航空母舰各一艘，每吨造价需6280元。前者应配备1800名官兵，后者配备1600名官兵。

陈绍宽（左）到访休斯敦会见美国海军上将泰勒

1945年6月，陈诚乘陈绍宽赴美参加联合国制宪会议之机，将海军陆战队第一独立旅改编为陆军，原有官兵大多遣散回籍。在福建只剩下陆战队第二独立旅旅部的直属炮兵部队及该旅的第四团，仍驻于马尾、长门地区。这是蒋介石在战后建立嫡系海军的前奏。

二、日本投降

1945年8月10日6时，日本政府分别电请瑞典、瑞士将投降之意转达中、美、英、苏四国，日本政府决定无条件投降的消息通过无线电波迅速传遍了全世界。

8月11日，陈绍宽决定重建海军厦门要塞司令部，调马尾要港司令、海军少将刘德浦为厦门要塞司令，海军少将李国堂任海军马尾要港司令。

8月15日正午，日本天皇发布“停战诏书”，正式宣布接受《波茨坦公告，无条件投降。

根据盟军最高统帅麦克阿瑟发布的第一号命令，在中国（东三省除外）、中国台湾与越南北纬16度线以北地区的日本全部陆海空军，全部向中国战区最高统帅蒋介石投降。

8月21日上午，日本侵华军队总司令冈村宁次的乞降使节今井武夫一行8人飞抵湖南芷江。中国陆军总部参谋长萧毅肃召见今井武夫一行，指示中国战区内全部日军投降准备事宜。

从“九一八事变”到这一天，中华民族经过了14年的殊死抗争。在胜利时刻到来之际，国民政府决定用隆重的仪式来完成洽降、受降手续，让全体中国人充分享受百年来首次受降的喜悦。在湘西小城芷江举行洽降仪式后，国民政府确定由陆军总部、军委会、行政院顾问团、各大战区长官以及美军驻中国作战司令部高级军政人员组成庞大的受降代表团前往南京受降，同时组织全国各大报社的记者采访受降仪式。

8月22日，何应钦在湖南芷江召集各方面军司令官各战区长官以及海、空军负责人开会，分配受降任务。

中国陆军总部参谋长萧毅肃（左四）在湖南芷江前方司令部召见从南京飞抵芷江的日军乞降使今井武夫一行

1947年落成的芷江受降纪念碑

9月2日，盟军对日受降仪式在日本东京湾内的美“密苏里”号战列舰上正式举行。上午9时许，日本新任外相重光葵和参谋总长梅津美治郎代表日本政府在投降书上签字。随后，盟军最高统帅麦克阿瑟上将、美国尼米兹上将、中国徐永昌上将、英国福莱塞上将、苏联杰列维亚科中将，以及澳大利亚、加拿大、法国、荷兰、新西兰等国代表依次签字。麦克阿瑟最后致辞。

重光葵外相代表天皇和日本政府签字，旁立者（左一）为麦克阿瑟

日本陆军上将梅津美治郎在降书上签字

盟军最高统帅麦克阿瑟代表盟国签字接受日本投降

徐永昌上将代表中国政府签字接受日本投降

三、南京受降

1945年8月29日，海军总司令陈绍宽奉军委会命令，与何应钦赴南京参加受降典礼。

陈绍宽飞抵南京

9月9日，中国战区受降仪式在南京中央陆军军官学校大礼堂举行，中国陆军总司令何应钦率第三战区司令长官顾祝同、陆军总司令部参谋长萧毅肃、海军总司令陈绍宽、空军第一路司令张廷孟，接受侵华日军总司令冈村宁次及侵华日本海军司令福田良三的投降。日本军队投降总兵力为128万多人。其中，海军人员约4万人，共有舰艇船舶计5.46万吨，其中军舰19艘（3艘可用）、驱逐舰7艘（6艘可用）、鱼雷快艇6艘（均可用）、小型潜水艇3艘（2艘可用）、炮艇200多艘（大部分不堪用），其余均为小艇、帆船等，大多损坏（上述统计不含中国台湾）。

陈绍宽（左一）代表中国海军参加南京受降仪式

受降会场

南京受降仪式中国代表，左起为：萧毅肃、顾祝同、何应钦、陈绍宽、张廷孟

侵华日军参谋长田中久一在投降书上签字

侵华日军最高指挥官冈村宁次在投降书上盖章

侵华日军参谋长田中久一向中方代表何应钦（右）呈递投降书

受降仪式后何应钦率出席者前往中山陵谒陵，正中着海军服者为陈绍宽

受降纪念照，前排右三为陈绍宽

9月10日，中国战区中国陆军总司令部给冈村宁次下达军字第二号命令称：（一）日本驻华舰队及越南北纬16度以北地区，香港除外，暨台湾澎湖列岛，日本舰队之舰船、兵器、器材，一切基地设备，及基地守备队陆战队暨一切其他附属设备等，兹派中国海军总司令部参谋长中将曾以鼎负责统一接收；（二）各海岸及岛屿之基地，仍由中国各受降主官派兵接替守备。之后，各地区受降工作陆续展开。

四、海军受降

日本投降后，陈绍宽即着手海军接收工作。8月18日，海军总司令陈绍宽委派海军总司令部参谋长曾以鼎中将赴驻上海为海军总接收员，派海军少将佘振兴赴青岛为华北区接收员（后佘为唐静海所驱逐，改由唐担任接收员），派海军少将刘永浩赴粤为华南区接收员，派第一舰队司令方莹兼任第二舰队司令赴鄂为汉浔区接收员，派海军总司令部舰械处处长陈宏泰少将赴宁为南京区接收员（后陈升任海军第一舰队司令，改派海军少将朱天森担任）。以第二舰队司令李世甲调任台澎要港司令兼台澎区接收员，第二舰队司令调方莹继任。派陈宏泰为海军第一舰队司令，派海军少将李国堂为马尾要港司令，派海军少将刘德浦为厦门要港司令。

8月21日，海军总司令陈绍宽下令重组舰队，第一舰队下辖“咸宁”、“楚观”、“楚同”、“楚谦”及运输舰“克安”号，第二舰队下辖“永绥”、“江元”、“民权”，浅水炮舰“英德”、“英山”、“英豪”、“美原”、“法库”号，炮艇“义宁”号，鱼雷艇“湖隼”号。设闽江江防司令部，陆战独立旅，第一布雷总队、第二布雷总队、第三布雷总队、第四布雷总队、粤桂江防布雷总队，宜巴要塞第一总台、第二总台，巴万要塞第三总台、第四总台，瓯江炮台，[1]海军学校，海军练营，水鱼雷营，马尾造船

1　因抗战中大批战舰损失，新舰尚未配给，原失去舰艇的海军将士暂按上述战时布雷队和炮台的编制原地待命。

所、修械所、第一工厂、第二工厂、第三工厂，南京医院、马尾医院、荣誉官兵休养所。

同时对海军总司令部进行改制，海军总司令部增设总务处（总务处从参谋处中分出），以陈景芗为少将处长；原舰械处改为舰政、军械两处（舰政处从舰械处分出来），以海军少将唐德炘、林献炘分任处长。总务处下设军务科和文书科，分别由海军上校孟慕超、海军上校唐擎霄担任科长，报请军委会备案。并下令在上海成立海军警备队，下辖9个连，总队长叶宝琦。

9月12日，海军总司令陈绍宽到达上海。翌日，海军总司令部由重庆迁上海，各地区接收日本海军工作正式开始。海军总司令部负责接收上海日本海军设施。海军在上海设立海军办事处，林献炘任处长。

海军总司令陈绍宽和海军中将曾以鼎在上海江南造船厂参加接收日本内河炮舰“宇治”号，负责接收的是程法侃和唐荔生。接收后“宇治”号改名为“长治”号，海军中校候补员邓兆祥任一级中校舰长，程法侃为副长，唐荔生为轮机长。

邓兆祥，广东高要（今属肇庆市）人。1914年至1923年先后在黄埔海军学校、吴淞海军学校、烟台海军学校及南京鱼雷枪炮学校学习。1930年至1934年在英国格林威治海军学校、鱼雷航海信号枪炮学校学习。回国后历任海军军舰少校枪炮长，海军水鱼雷营少校营长，海军第二舰队司令部中校参谋，贵州桐梓海军学校训育主任。抗战胜利后先后任“长治”舰、“重庆”号巡洋舰舰长。1949年2月率“重庆”舰官兵起义。后历任中国人民解放军“重庆”号巡洋舰舰长，安东海军学校、快艇学校校长，东北行政委员会委员，海军青岛基地司令部副参谋长、副司令员，北海舰队副司令员，海军副司令员。1955年被授予少将军衔。图为邓兆祥在“长治”舰主炮前留影

海军驻上海办事处主任林献炘派佘振兴接收高昌庙各日舰。佘振兴在“海兴”舰（原海军“永绩”炮舰，抗战初期被日机炸伤，修复后交汪伪海军），会同该舰舰长谢为良，派兵接收并恢复原名“永绩”，以第二布雷队中校队长李申渫调任舰长。

9月15日，中国海军接收“海绥”驱逐舰，复名“建康”，苏聿修任少校舰长。

海军总司令陈绍宽（中）、海军参谋长曾以鼎（左二）在沪接收美海军移交日本降舰“安宅”号，右二为美国第七舰队司令金开德上将

陈绍宽在接收文件上签字

9月17日，海军总司令陈绍宽接收在华日本内河炮舰“安宅”号，命名为“安东”号，以中校候补员张鹏萧任该舰舰长。抗战结束后该舰乘隙由上海吴淞口溜出意图潜回日本，被在外海封锁的美国军舰发现并押返上海。

9月18日，海军接收上海江南造船所及日本三菱造船所，委派马德骥任江南造船所所长（马德骥未回国之前由副所长陈藻藩代理），派曾国晟为三菱造船所所长。

9月21日，海军总司令陈绍宽委派海军军械所课长魏华新率领技工若干人，前往川江各炮台拆卸各重炮运沪备用。

在厦门，海军还主持了日军受降仪式。早在8月26日，何应钦根据蒋介石指令，将中国战区划分为16个受降区，并指定了受降主官。其中，厦门地区被划至第六受降区，由第三战区接管。此前陈绍宽认为厦门为海军驻防要港，应该由海军派人前往主持受降仪式，故电令第二舰队司令李世甲少将兼任接收厦门日本海军专员。8月20日，李世甲率领海军陆战队第四团第一营由福州循陆路南行，于8月26日抵达集美，准备由集美进厦门接收。但福建省政府主席刘建绪已先派陈重率省保安纵队一个团集结集美，待命推进厦门接收。陈重阻止海军进入厦门，双方在龙溪相持。8月29日，驻厦门日军派海军大佐松元，由日本领事馆书记林乃恭陪同，至石码正式请降。下午3时30分，接见开始，松元大佐呈上降书，接受降官训令。厦门警备司令部副司令阙渊少将当场宣读了第三战区司令长官和福建省政府给厦门日军最高指挥官原田清一的两份备忘录。由松元大佐在上面签字，整个仪式历时40分钟。9月中，福建省政府接收厦门委员会派人与原田清一商洽接收事宜。原田清一以“奉中国派遣军总司令冈村宁次之命，本地区应向中国海军投降，未便遵办”加以拒绝。

9月下旬，海军总司令部调派刘德浦为厦门要港司令，协助李世甲办理接收事宜。同时，何应钦也电令第三战区司令部，厦门受降改由海军主持。刘建绪遂令将各项清册图表移交刘德浦，并令保安团协助海军接收工作。

9月24日，刘德浦奉令从上海乘专机飞抵厦门，即转来漳州与李世甲晤面。嗣后，李世甲令刘德浦以接收指挥所名义，向原田清一发布训令：关于厦门、金门、鼓浪屿及白石炮台要塞与飞机场及厦门区日军投降接收事宜，根据何总长致日本海军善后总联络部第二号命令及我海军总部致刘德浦少将元字第二号命令，改由海军主持。据此，刘德浦命令原田清一立即编造投降官兵名册和舰艇、军械、弹药、物资等清册。同时，刘德浦也向驻永安的刘建绪表示，海军接收范围仅限于原厦门要港司令部、厦门要塞、海军机场、厦门造船所、海军医院和海军电台等几个机构，其余地方行政单位，诸如金融、海关、税务、司法、邮电等机构，均不过问，请省府自行派员接收。

9月28日，海军受降仪式在鼓浪屿海滨饭店举行。参加受降仪式的有国民党海军第二舰队司令兼接收厦门海军专员李世甲少将、厦门要港司令刘德浦少将、参谋长郑沅上校等人；日方有日本驻厦海军中将原田清一及其参谋长等5人。由原田清一在投降书上签字。仪式结束后，中国海军接收日舰4艘，最大的为400吨级舰艇一艘，其余都是机帆船；武器方面，有步枪1000余支，轻重机关枪和机关炮数十挺、山炮几尊。这些武器于接收后，立即装入两艘机帆船，派布雷队官兵押送马尾，交海军马尾要港司令部点收。日军投降官兵共2779名，以厦门大学校园旧址为战俘临时集中营地，听候遣返。另有日侨911名，内除船员90名奉准暂免集中外，余821名也集中于厦门大学候船遣返。

至于长江沿线海军的接收工作，陈绍宽让曾国晟只身去接收，既不派人，也不派船。曾国晟从辰溪出洞庭湖，直趋汉口。川江至汉口没有什么敌伪船只。曾国晟在辰溪水雷厂自拟了一道命令："奉海军总司令部令，派曾国晟为沿江至上海接收敌伪海军大员。"于是带上厂里的几个人，乘小火轮沿沅江经洞庭湖至汉口。

1945年9月16日海军总司令陈绍宽委派佘振兴为海军华北区接收专员兼海军驻青岛办事处处长，与陆军中将陈宝仓、青岛市长李先良、美军谢伯尔少将在青岛对日军受降

由于缺乏海军技术人员和指挥官，再加上国民政府腐败引发派系争端，部门各自为政，致中国境内接收降舰工作进展缓慢，历时年余，对南京、上海、九江、武汉、青岛、舟山、厦门、台澎、广州、海南十个区域的接收才告结束。中国海军选择留用了其中堪用的277艘，其中编队192艘（包括日军曾俘获或从长江中打捞的抗战时沉没的中国舰艇），报废的1100多艘。

五、台湾回归

抗战胜利后，日本海军在台湾虽然已经没有什么大型的舰艇和装备，但人员、基地、仓库和零散装备都很多，一旦出现异常情况，处置难度也比较大，接收工作相当复杂。考虑到在台湾接受日本海军投降的特殊性，9月29日，海军总司令陈绍宽决定委派正在厦门接收日本海军的李世甲做好去台湾接收日本海军的准备。李世甲接到电令后，深知该项任务的光荣和艰巨。日本投降以后，各地的受降工作都出现了一些复杂情况，前述接收厦门即是如此。那时人地较熟，且有海军总司令部的强力支持，好办一些。但台湾长期被日军侵占，人生地疏，情况不明，且日本海军在台湾有几万人员，大量的基地设施和装备分布在台湾及周边几十个岛屿上，不仅需要人员接收，还要有人去把守。而去台湾接收的中国海军只有1000余人，特别是专业人员严重不足，接收的难度相当大。

10月1日，海军总司令陈绍宽电令李世甲“克日前往台湾”，并决定建立海军台澎要港司令部，由海军少将李世甲任司令，彭瀛任参谋长。

10月7日，陈仪任台湾行政长官公署长官，统一领导接收台湾的工作。陆军第七十军军长陈孔达、六十二军军长黄涛，空军中校张柏寿分别在台北和台南负责接收日本陆军和空军，海军第二舰队司令李世甲负责接收台、澎日本海军。其中海军的接收工作涉及台湾的全部地区和澎湖列岛，任务最为艰巨。陈仪电令李世甲务必于10月20日前到达台北。

李世甲接电后，连夜从厦门赶到福州。为了解决人员不足的问题，他以海军第二舰队司令部的名义，在福州《中央日报》上发布中国海军总司令部命令，通知所有旧海军人员回军服役。凡在抗战期间因编制紧缩精简的人员，因病因事离职人员，均限期报到。对少数逃亡分子，只要能认识错误、热爱国家，也既往不咎，酌情量才使用。命令发布后，大量的旧海军人员前来报名，经审查后录用200余人。

10月18日，李世甲率参谋长彭瀛、参谋处长陈秉清等人及特务排等1500名海军，乘“海平”号炮艇从马江出发，于19日晚到达基隆，20日晨抵达台北，在台北教育公会堂设立了中国海军第二舰队司令部。

10月25日，中国战区台湾省受降仪式在台北公会堂举行。是日，晨曦初露时，台北群众纷纷涌入公会堂，都想亲眼见证翻开台湾新纪元的庄严一刻。上午8点55分，乐队高奏《胜利进行曲》，陈仪、陈孔达、李世甲等缓步走入大厅，日方投降代表安藤利吉等5人，则早已奉命到达，等候另室，听从传唤。

9时正受降仪式正式开始，陈仪宣读受降书，并下达第一号手令：本官奉令“接受台湾、澎湖列岛地区日本陆海空军，及其辅助部队之投降，并接收台湾、澎湖列岛之领土、人民、治权、军政设施及资产”。安藤利吉在签具的受领证中表示：对于本命令及以后之一切命令、规定或指示，本官及所属与所代表之各机关部队之全体官兵，均负有完全执行之责任。

陈仪随即发布台湾省行政长官公署第一号训令，并发表广播讲话：“自即日起，台湾及澎湖列岛正式重入中国版图，所有一切土地、人民、政事，皆已置于中国政府主权之下，此一极有意义之事实，本人奉命特向中国同胞及全世界报告周知。”宣告自1945年10月25日起，沦陷50年的台湾、澎湖列岛等中国固有领土重归中国版图。至此，日本交还台湾、澎湖列岛的一切法律手续均告完成。这标志着日本在台湾50年的殖民统治正式结束，中国政府在台湾恢复行使主权。台湾回归祖国，洗却了中华民族在甲午战争所遭受的奇耻大辱，是中国在第二次世界大战中的最大收获之一。

台湾回归祖国母亲的怀抱，台湾人民无不欣喜若狂。中国政府接收人员尚未去台，台湾民众即自动争挂国旗，自觉维持社会秩序，以实际行动响应接收。中国政府官员和军队赴台，均受到台胞欢迎。10月25日受降典礼结束后，台北40余万市民，“老幼俱易新装，家家遍悬灯彩，相逢道贺，如迎新岁，鞭炮锣鼓之声，响彻云霄，狮龙遍舞于全市，途为之塞”[1]。“家家户户，欢欣无比，家家户户，祭祖谢神，向先民冥中告知台湾已归回祖国”[2]。

10月24日接收台湾的军政人员抵达台北松山机场。最前排左一穿海军少将制服的是海军第二舰队司令李世甲

台北公会堂举行受降仪式，来自各地的群众热情地在场外守候

1　陈鸣钟、陈兴唐主编：《台湾光复和光复后五年省情（上）》，南京出版社1989年版，第162页。

2　林忠：《台湾光复前后史料概述》，台北皇极出版社1983年版，第39—40页。

中方代表在台北公会堂接受日本投降，台湾人民在门前搭起庆祝牌楼，庆祝光复

台北公会堂受降场景

侵华日军投降代表安藤利吉在仪式上将投降书呈送给中国受降主官陈仪将军（右）

光复后的台湾，民众在台北市街头观看中国地图，了解祖国的地理区划

台湾受降仪式后合影

反对内战

抗战硝烟甫散，内战接踵而来。陈绍宽以“抗战后海军元气尚未恢复，且绍宽在抗日期中报效无多，已愧对国人，若再参加内战，内疚殊大”为由，公开反对内战，不惜辞职归隐以明志。陈绍宽面对是非抉择，宁为白玉青竹，守清贫，唯气节，重节操，光照后人。

一、抗战功臣

抗战胜利后，国民政府决定对抗战有功的官员和社会贤达人士颁给“胜利勋章”，以示表彰。1945年10月8日，国民政府国防最高委员会通过《颁给胜利勋章案》，同年10月10日公布了《颁给胜利勋章条例》。首批获此勋章者共计98位，其中国民革命军一级上将16位，二级上将53位，中将23位，少将2位。陈绍宽以一级上将获此勋章。中共方面首批获此勋章者3位，即朱德（二级上将）、彭德怀（中将）、叶剑英（中将）。非军职人员1位，为万县中国战时儿童保育院直八院院长燕重孑。国民党机关报《中央日报》于10月10日至12日连续三天刊登了“胜利勋章”获得者的名单。其后，蒋介石共颁布19道授勋令，颁发勋章近千枚。

陈绍宽（中）与好友陆军将领杨杰（右）合影

二、反对内战挂冠而去

1945年9月1日，蒋介石下令在军政部下设海军处，军政部长陈诚兼任处长，此举分割了海军总司令部的权力。海军总司令陈绍宽虽参加了在南京的全国受降仪式，但蒋介石去陈之意已很明显。

1945年10月，蒋介石为抢占胜利果实，命令陈绍宽亲率“长治”号等军舰从南京开往渤海湾，截击由烟台向辽东渡海的解放军。陈绍宽以“抗战后海军元气尚未恢复，且绍宽在抗日期中报效无多，已愧对国人，若再参加内战，内疚殊大”为由，率“长治”舰南下台湾视察、维修。

11月7日，蒋介石再次指令海军总司令部迅即编组小型舰队担任北巡任务，以求截断胶州半岛、辽东半岛间中共军队的海上运输，并保护国民党军队华北、东北军政交通补给之安全。陈绍宽则以战后舰艇多待整修，装备油料不足为由，直至12月23日始派驻青岛第一舰队司令陈宏泰率“长治”、“永翔”、“永绩”、“靖安”、“瞰日”等5艘舰艇，开赴渤海湾执行北巡任务。

曾任解放军海军航空兵司令员、海军顾问的曾克林在自述中回忆到：抗战胜利后率先挺进东北的其所在部队，曾不止一次地将他们在沈阳、锦州等地接收的大批武器弹药，转运给关内和山东的部队。“用船向山东龙口送去了一批武器、弹药，其中有500万发子弹、炮弹”[1]。这期间解放军船只能在渤海湾内通行无阻，跟海军的消极内战确有关联。

陈绍宽（左起第五人）南下来到厦门空军基地检查受降情况，以避免卷入北方的内战

1　曾克林：《曾克林将军自述》，辽宁人民出版社1997年版，第126页。

1945年11月29日，海军总司令陈绍宽（右）在由上海回基地的飞行途中驾驶美国海军运输飞机

由于陈绍宽拒不执行蒋介石封锁渤海湾的命令，蒋介石和陈诚极为愤怒。陈诚乘机向蒋介石进言说：“这是下决心的时候了。

12月22日，国民党中央海军训练团在青岛海阳路举行开训典礼，聘美军军官担任教导。训练团设美军首席顾问室、训练团主任室。海军中校林祥光任训练团团长。正、副主任以下又设秘书室、参谋室、副官室和教育课、训练课、机务课、军需课、编辑课、总务课。蒋介石集团利用林祥光、周宪章等绕开陈绍宽，将陈绍宽手下青年将领调到青岛受训，以充实所谓“新海军少壮派”的力量。

12月26日，陈绍宽最终被迫辞职。蒋介石以军事委员会的名义于当日照准辞呈，免去陈绍宽海军总司令职并撤销了海军总司令部，由军政部海军处接收，陈诚、周宪章任正、副处长。

军政部海军处派周宪章为海军总司令部总接收员，并派陆军少将冷欣为监视接收专员。周宪章率陆军警卫连把海军总司令部包围，先缴了海军警卫连的械，然后召集海军总司令部所有官员点名训话，把将、校、尉级军官分别隔离软禁，并下令所有军舰就地待命，各造船所、要港等单位物资器材等候处理。陈绍宽搬到南京下关扬子饭店。

12月31日上午8时，陈绍宽由饭店步行到海军总司令部参加交接仪式。他召集全部属员于礼堂，宣布军委会命令并对全体属员告别训话。下午，陈绍宽将印信及各种清册交周宪章接收。陈绍宽办完交接手续后，寂然离开了他服务十六年的海军总司令部。

1946年1月31日，蒋介石抵南京，派人请陈绍宽晤面。陈绍宽听到消息，当天就离开了南京。

三、“不食蒋粟”

离职时，这位月薪1.6万法币的前海军部总司令，通身仅余1.2万法币的积蓄和几箱相伴终生的书报，真正做到倾其所有、毕其半生献给中国海军事业。诀别南京之际，陆军总司令何应钦特来劝挽慰留，陈绍宽回绝道：“我这人是很平凡的，对于自身的能力和志趣，了解得很透彻，我是非海军不干。实话相告，不是为了海军，我不会在这个政府里待这么久的！”

陈绍宽一生致力于海军事业，壮年丧偶未再娶，无子女，孑然一身回归故里。所带除书卷外，别无长物。他说：“不论做官与做人，都要光明磊落，清廉自守。”还说：“当官不是终身职，而做人却是终身的事。不当官，人还是要做的。”

1946年2月5日，陈绍宽回到福州，“蛰居胪雷乡，息交绝游，杜门谢客”。“每天清晨到花园里散步、赏花，早餐后先看当天的报纸，然后精读史书，练习书法；他还主持修建陈氏祠堂；有时到胪雷小学授课，同时在家辅导侄儿侄女读书；还种花植果，垂钓螃蟹”，粗衣淡饭，悠游林下。

海军楷模陈绍宽

1948年陈绍宽（第一排左四）过六十大寿，与胪峰陈氏建祠董事会全体成员合影

虽然国民党政府仍给他军事委员会委员、国民政府战略顾问委员会委员的虚衔，但他从未就职。

1947年5月10日，陈绍宽被聘为总统府战略顾问委员会委员。蒋介石派人给他送钱，他表示“不在其位，不谋其政，不受其禄”，拒不接受。

1949年7月，蒋介石妄图裹胁他去台湾，陈绍宽回复：“我年逾花甲，月是故乡圆，水是家乡好，还去台湾做什么？……蒋委员长如一定要我飞往台湾，只好从飞机上跃下，葬身闽海波涛之中。”拒不赴台。

陈绍宽返乡后，回绝蒋介石政府一切薪金，仅靠几亩薄田度日。他见乡亲碾米不便，就从马尾购来旧马达，兴办碾米厂，服务乡里。当时全村只有两口水井，陈家老水井是其中之一，邻里喜饮，陈绍宽便每日早起，开启后门，让乡亲前来汲水。图为保存至今的陈家水井

四、海军起义

失道寡助的国民党政府在战场上连遭败北，带来政治上的分崩离析；为挽救其财政经济危机，维持日益扩大的内战军费开支，于1948年8月改发金圆券，搜刮民财，进一步加剧物价飞涨，民不聊生。国民党政府自身的行政崩溃和经济灾难，令国民党仅余的民心、士气丧失殆尽。再加上蒋介石亲信桂永清移植陆军一套腐败的“海军整建”，深感前途无望的海军舰艇官兵中普遍流行一句话，叫做“此路不通，去找毛泽东”。

“重庆”号巡洋舰，英国朴次茅斯造船厂造，1937年11月完工，装备有当时先进的火控系统。在二战中，该舰总共击沉了1艘巡洋舰、10艘驱逐舰、3艘扫雷舰、7艘登陆舰和7艘商船，重创了9艘驱逐舰，具有航速快、续航力大，尤其是防空能力优秀的特点。1948年由英国赔付给中国

1948年10月“重庆”舰奉命开往葫芦岛参加内战。这场不得人心的内战，完全违背了大多数海军官兵当年为抗日和建设强大海军而投笔从戎的初衷，从葫芦岛返沪后，舰上陆续开小差者高达200余人。在中共地下党的组

织策动下，1949年2月25日，舰长邓兆祥等舰上大部分官兵顺应潮流，宣布起义，将“重庆”号驶往烟台解放区。

两个月后，1949年4月23日凌晨，守卫南京江防的海防第二舰队司令林遵将军率其所指挥的9艘舰、21艘炮艇、1271名官兵，阵前起义。驻扎在镇江江面的第三机动艇队23艘艇亦向解放军投诚。蒋介石部署在长江的海军舰队顿告瓦解。

1949年9月19日，国民党海防第一舰队旗舰“长治”号于长江口外的大戢山海面起义。

“长治”舰起义开往上海后与前来迎接的解放军在舰桥前合影

“长治”舰在长江口大戢山海面起义成功后，开到南京草鞋峡。到宁之夜，由于当时没有制空权，决定卸下“长治”舰的部分武器、仪表等重要物资，将大炮和主机涂上凡士林，9月24日打开海底门自沉于草鞋峡的一个平滩上。1949年12月，人民解放军有了空军后，开始组织打捞。“长治”舰打捞起后在江南造船厂整修，图为整修后的“长治”舰在上海黄浦江测试。1950年4月，在华东海军成立一周年之际，中央军委将其改名为“南昌”号（最初改名“八一”号），担任人民海军新成立的第六舰队旗舰，直到20世纪70年代末尚在东海舰队服役

1949年11月30日，国民党海军江防舰队司令叶裕和率所辖5艘军舰400余人，于重庆宣布起义。

人民海军之父张爱萍将军曾说：“来自解放军陆军的同志，政治上没问题，但不懂技术，算是缺了一条腿；来自国民党海军的同志，业务熟悉，但需要提高阶级觉悟，也算是少了条腿。两个跛子合起来，象征着新老海军的同志团结起来，共同建设新中国的海军”。“就是这些人，他们帮助共产党撑起了最初的海军”。[1]

“共产党自己是不懂海军的，但在短短的一年中，新中国的海军，在基本没有得到苏联援助的情况下，边打仗边建设，从无到有，形成了拥有150条舰船的，可以在近海海域，与国民党海军相抗衡的一支海上力量”[2]，可以说，起义的海军人员，都成为了为新中国人民海军打桩子的一代奠基人。

1　张胜：《从战争中走来——两代军人的对话》，中国青年出版社2008年版，第121、129页。

2　张胜：《从战争中走来——两代军人的对话》，中国青年出版社2008年版，第122页。

老骥伏枥

1949年8月17日福州解放，陈绍宽与萨镇冰立即通电公开拒绝蒋介石的赴台电召，拥护中国共产党领导的新政权。时任中共福建省委书记、省人民政府主席的张鼎丞两次亲赴福州胪雷村，拜访陈绍宽，诚请他出山，为革命工作。陈绍宽欣然表示愿意参加革命工作。尔后他来到福州，公开表态拥护中国共产党的领导，并表明心迹：此番出山，并非做官，而是为人民做事。陈绍宽又重新出现在中国的政治舞台上，为社会主义建设事业尽心出力，做出了可贵的贡献。

福州甫一解放，萨镇冰、陈绍宽这两位中国近代海军史上的领军人即联袂出山，为民办事 。

1949年9月15日成立的华东海军司令部研究委员会的成员合影，前排左起：方莹、蔡世溁、郭寿生、李天钧、曾以鼎、韩玉衡、陈可潜、陈景芗、何希琨；后排右起：叶可钰、金声、陈书麟、蔡鸿幹、刘孝鋆、张衍学、杨廷纲、郭则汾、陈藻藩

一批受老长官萨镇冰、陈绍宽影响，拒往台湾、留守福州的原海军人员，向军管会登记组织在闽海军人员联谊会，参加者约200人，开展学习活动，组织者为方莹（会长）、叶可钰（指导员）。9月，华东区人民海军派人来福州设立海军办事处，办理原海军人员登记事项及录用标准。录用人员分三批送南京学习和工作。他们和3800余名起义的原海军官兵，为新中国人民海军的创建做出了重要贡献，协助人民海军在一年时间里，建设出一支拥有150艘战舰，能够进行近海防御的新海军。

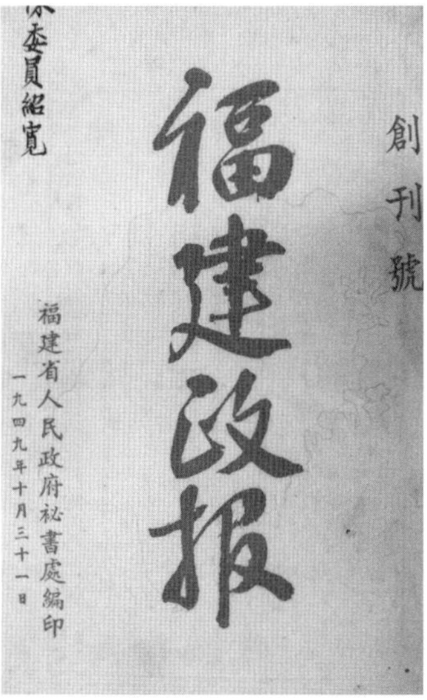

1949年10月起由福建省人民政府秘书处编印的呈华东军政委员会委员陈绍宽阅读参考的《福建政报》

1950年2月，陈绍宽任华东军政委员会委员，10月任福建省人民政府委员会副主席。

1950年10月16日，福建省人民政府委员会成立大会全体出席委员留影，前排右五为陈绍宽

1950年8月，福建省工业厅厅长刘裕民带领古田溪水电工程处负责人到北京出席全国第一次水力发电工程会议。会议结束后，古田溪水电工程处立即成立设计室，陈绍宽等赴古田溪考察论证，制定一级电站的初步方案。

1950年，（前排右起）方毅、张鼎丞、陈绍宽、覃修典等视察古田溪

1951年初，古田溪一级电站的技术设计和施工方案全部完成，并获国家水电总局批准。同年3月1日，主体工程引水隧洞破土动工，施工采用两头并进的方法。11月25日，挖

通了当时全国最长的隧洞。1956年3月古田溪建成新中国第一座梯级水电站，享有“北有丰满，南有古田”之称。

古田溪水电站

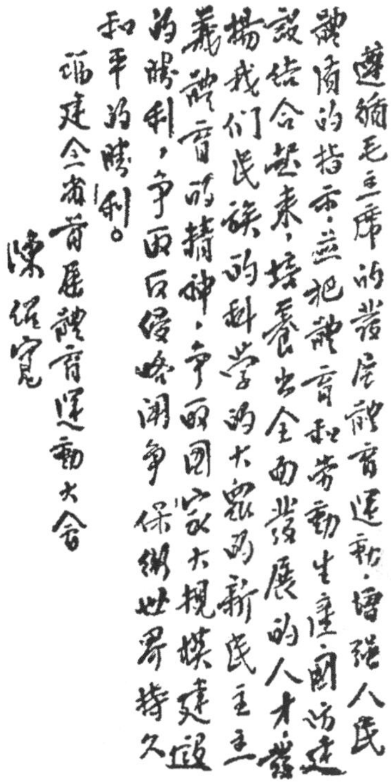

1952年12月17日《福建日报》刊载陈绍宽为福建全省首届体育运动大会所作题词

陈绍宽（右）和当时福建省政府领导曾镜冰（中）、蓝荣玉（左）在省政府办公驻地合影

1953年7月15日，退踞台湾的国民党军队海空两路偷袭东山岛，我守岛部队公安第八十团、水兵连和守岛民兵守住岛上制高点和后林码头，并坚持到援军到达，击退了敌人的进攻。1953年冬，陈绍宽作为福建省人民政府代表，前往东山岛慰问守军官兵。

解放军抗击登陆的国民党军队

陈绍宽（左二）等慰问东山岛守军官兵

1954年8月陈绍宽当选第一届全国人民代表大会代表，9月出席第一届全国人民代表大会第一次会议，参加大会主席团，被选为国防委员会委员。

1954年8月2日至11日，福建省人民代表大会第一届一次会议在福州召开，大会选举出十八名出席全国人大会议的本省代表，陈绍宽名列其中。照片上的五位是当时福州的当选代表，右起为：陈绍宽、王亚南、林一心、刘永生、郑依姆

福建省人民代表大会第一届一次会议期间，时任省人民政府副主席的陈绍宽（左一）与出席会议的华侨代表畅谈（左）

1954年9月陈绍宽（前排左四）参加全国第一届人大会议时在北京留影

政協第一屆福建省委員會首次全體會議
昨日在福州隆重開幕
中共福建省委書記葉飛向大會作政治報告

政治協商會議第一屆福建省委員會第一次全體會議在一月十四日開幕。（本報記者攝）

1955年1月14日，政协第一届福建省委员会第一次全体会议在福州开幕，陈绍宽在主席台（前排右二）

1955年2月，经福建省第一届人民代表大会第二次会议选举，陈绍宽当选为副省长。

1955年2月16日，陈绍宽（前排右四）参加福建省人民委员会第一次会议后合影

任福建省副省长时的陈绍宽

1955年6月陈绍宽前往南平市，为苏联专家替福建设计的南平水南大桥通车剪彩

从福州、闽南方向来的公路沿着闽江西岸到达西溪南岸，而从闽北沿建溪、富屯溪来的两条公路与闽西沿沙溪来的公路都交汇在西溪北岸，民国时期就已在南平设置渡口，称“水南渡”。可是，渡口总是交通的薄弱环节，会大大削弱通行能力，每遇洪水还会断航，水南渡成了影响福建南北交通的

重要瓶颈。为沟通福建南北交通，1951年夏，华东公路修建委员会计划在南平西溪修建一座永久性大桥取代水南渡，当时称为“南平大桥”，由中央投资，列入1953年公路基本建设项目，成为新中国开始建设的第一批公路大桥。1952年冬，交通部公路总局成立了南平大桥设计小组，在苏联专家指导下进行设计，大桥采用9孔33米的带挂孔的钢筋混凝土双悬臂梁结构。1953年夏，福建省支前公路修建指挥部成立了南平桥工所，负责大桥施工。经过1年6个月施工，大桥于1955年5月竣工通车。6月，时任福建省副省长的陈绍宽参加通车典礼并剪彩。

南平水南大桥

1956年3月，陈绍宽被选为中国国民党革命委员会第三届中央委员会副主席。4月，增选为福建省政协副主席。

省政协陈紹寬等三位副主席
分赴閩东、閩西、閩南視察政协工作

【本報訊】政协福建省委員会陈紹寬、刘通、李述中三位副主席和林栄之副秘书長，于本月21、22日，先后出发前往閩东、閩西、閩南（龍溪專區）各地區視察政协工作。这次視察的內容，主要是了解各地政协的工作開展情况、活动的内容以及目前存在的問題，并搜集各地政协对各方面工作的意見、要求和建議。通过这次視察，將加强省政协和各地政协的密切联系，及時解决当前存在的主要問題，以便今后更好的開展工作。（盧國松）

1956年10月23日《福建日报》刊登陈绍宽等履行政协职责的报道

1956年4月，陈绍宽任福建省扫除文盲协会会长，积极组织福建省内面向广大工人、农民开展的识字运动，提高其文化水平，使广大劳动人民摆脱文盲状态。

1957年5月9日，陈绍宽（右一）随叶飞（左二）到福州市郊鼓山农业社参加劳动，了解农村现状

1958年12月，陈绍宽被选为中国国民党革命委员会第四届中央委员会副主席。

1958年12月7日，福建省红十字会成立，陈绍宽担任红十字会委员会主任委员，积极主持开展疫区治理活动，为解放初期福建省迅速控制鼠疫、天花、霍乱三大传染病和弘扬中医药、做好环境卫生做出贡献。

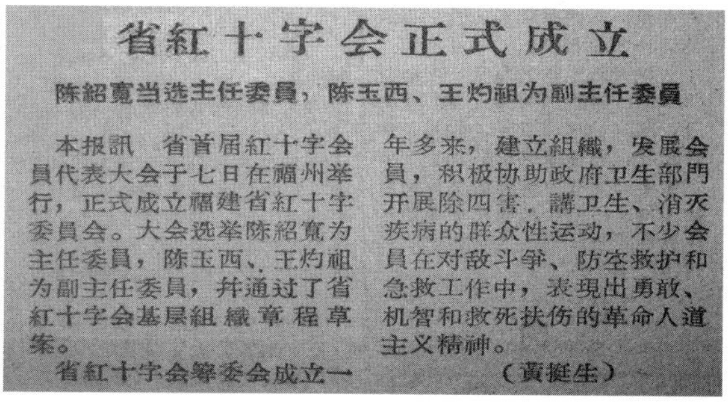

省紅十字会正式成立
陈紹寬当选主任委員，陈玉西、王灼祖为副主任委員

本报訊　省首届紅十字会員代表大会于七日在福州举行，正式成立福建省紅十字委員会。大会选举陈紹寬为主任委員，陈玉西、王灼祖为副主任委員，并通过了省紅十字会基层組織章程草案。

省紅十字会筹委会成立一年多来，建立組織，发展会員，积极协助政府卫生部門开展除四害、講卫生、消灭疾病的群众性运动，不少会員在对敌斗争、防空救护和急救工作中，表現出勇敢、机智和救死扶伤的革命人道主义精神。（黄挺生）

陈绍宽当选福建省红十字委员会主任委员的新闻报道

南福鉄路
全綫正式通車

1959年元旦，南昌至福州铁路通车，陈绍宽在通车典礼上剪彩

1959年1月4日，福建出省铁路打通，省委第一书记叶飞和副省长陈绍宽（右）在南福铁路的第一列火车上亲身体验

1959年2月，陈绍宽当选第二届全国人大代表、福建省副省长、政协第二届福建省委员会副主席。

1959年，中华人民共和国成立10周年庆典，陈绍宽（前排左一）和叶飞（前排左二）等福建省领导在主席台上

1959年11月7日，陈绍宽代表福建省人民政府为福州第二化工厂首期工程试车祝捷大会剪彩

1960年3月10日，陈绍宽（第三排左戴黑帽者）随福建省委书记处书记林一心前往厦门高崎火车站，代表福建省政府迎接从印尼回国的1880名归侨

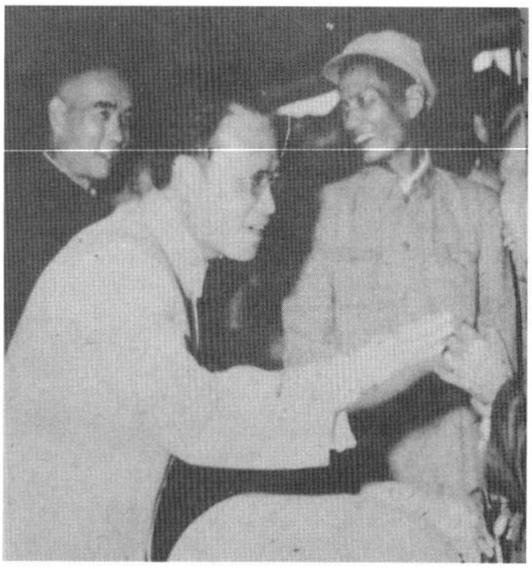

林一心书记（左二）和陈绍宽副省长（左一）亲切慰问回国的印尼华侨

陈紹寬团長結束在福州的視察

省人民代表、政协委員視察南平郊区

【本报訊】省人民代表、省政协委員視察团第一路視察团团长、副省长陈紹寬，結束在福州的視察后，于16日在福州市人委举行的座談会上，作了視察报告。

出席座談会的有省人委秘书长张兆汉、副秘书长刘捷生，中共福州市委第二书記郑重，福州市长张鼎中，副市长孙同温、黄骏霖、林白、刘泽民，福州市鼓山公社社长郑依衡等。

陈紹寬副省长自10月30日至11月13日先后視察了省化工試驗厂、福州第二塑料厂等九个工厂企业及市郊人民公社的四个生产大队。他在报告中暢談了視察的观感，热情地贊揚了福州市几年来在党的領导和三面紅旗指引下所取得的輝煌胜利和广大职工、社員的革命干勁，并对当前工作提出了意見。

【本报訊】省人民代表、省政协委員視察团第三路視察团，視察了南平市郊大横人民公社，一致贊揚人民公社的巨大威力。

大横公社从1958年建社以来，粮食逐年增产，1958年比1957年增产9·5%，1959年比1958年增产4·2%，1960年又比前一年增产8·3%。公社負責人向視察团汇报粮食逐年增产的情况时說，公社化后，这个社兴修了三十七处水利工程，其中有大型水利三处，基本上消灭了干旱。代表和委員們来到小仁洲大队，公社負責人指着一条横貫稻田的水渠說："过去这片八百多亩田地，无水灌溉，经常受旱歉收。公社化后，修成

1961年11月19日《福建日报》第一版刊载陈绍宽例行政协年度视察的报道

1960年10月1日，（右起）陈绍宽、林一心、叶飞、伍洪祥等在福建省庆祝中华人民共和国成立十一周年大会主席台上

1964年4月29日，陈绍宽主持省政协第十八次常委会，会议通过方莹、曾国晟、陈景芗、刘孝鋆、郑震谦等五人为福建省政协第二届委员会委员。

1964年9月，福建省第三届人民代表大会第一次会议上，陈绍宽再次当选福建省副省长。

1966年5月6日陈绍宽（中）摄于庐山仙人洞

陈绍宽不善舌辩，性格坚毅，洁身自好，对旧社会、旧军队的不良嗜好深恶痛绝，与国民党高层掌权者屡屡闹翻，以致处处受到排挤；他不抽烟、不饮酒、不赌博，唯好读书，除熟读中国古书，也熟练掌握英、法、德、西班牙等多门外语等。解放后，他自费订阅英文版《北京周报》。到北京出差时，有时也买回法文、德文、西班牙文的《北京周报》，对照阅读。他日常生活简朴而有规律。在海军部当部长时一日三餐，同大家一样，吃的是伙房供应的伙食，仅限三菜；有时早餐就是一粒鸡蛋和两片红薯。当副省长时，他独身生活，一素一荤一碗汤，从不独自上馆子，也不吃夜宵。遇有请客吃饭总是自掏腰包。他说：公私一定要分明，不允许假公济私。1

1　参考郑玉华编著：《陈绍宽一生》，福建教育出版社2001年版，第25—26、93页。

陈绍宽晚年照

1969年3月，陈绍宽被确诊患胃癌，住福建省立医院治疗。病重期间，周恩来总理十分关心，曾多次电话嘱咐福建省立医院做好治疗抢救工作。7月30日，陈绍宽逝世，终年81岁。陈绍宽去世后，治丧从简，骨灰暂寄福州殡仪馆公墓。

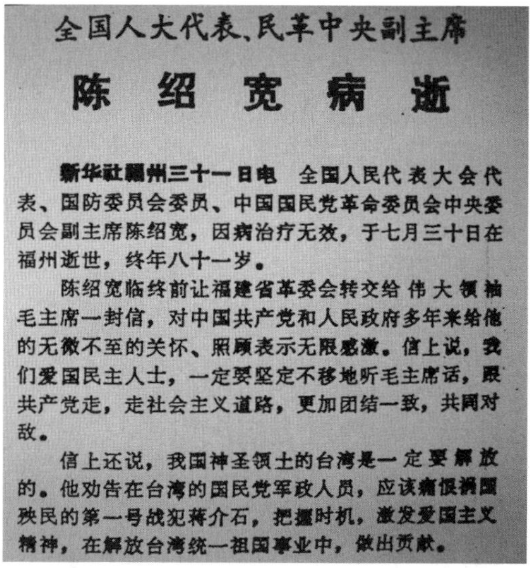

全国人大代表、民革中央副主席

陈绍宽病逝

新华社福州三十一日电 全国人民代表大会代表、国防委员会委员、中国国民党革命委员会中央委员会副主席陈绍宽，因病治疗无效，于七月三十日在福州逝世，终年八十一岁。

陈绍宽临终前让福建省革委会转交给伟大领袖毛主席一封信，对中国共产党和人民政府多年来给他的无微不至的关怀、照顾表示无限感激。信上说，我们爱国民主人士，一定要坚定不移地听毛主席话，跟共产党走，走社会主义道路，更加团结一致，共同对敌。

信上还说，我国神圣领土的台湾是一定要解放的。他劝告在台湾的国民党军政人员，应该痛恨祸国殃民的第一号战犯蒋介石，把握时机，激发爱国主义精神，在解放台湾统一祖国事业中，做出贡献。

1969年8月3日登载在《福建日报》第4版上的陈绍宽逝世的报道

陈绍宽逝世后，根据其生前愿望，从他一生仅存的8000元中拿出4000元为家乡修建“胪峰一桥”和“胪峰二桥”。陈绍宽晚年唯书、兰为伴，存有图书262种，5193册，全数移送福建省立图书馆。为表彰陈绍宽的贡献，1982年10月由该馆特藏部编印《厚甫书目》一册，留存于世。

胪雷村群众在陈绍宽故居大厅举行了一次乡亲追悼会

1979年3月20日，福建省政府举行陈绍宽的追悼大会。福建省革命委员会在悼词中赞誉陈绍宽“工作认真负责，谦虚谨慎，勤勤恳恳，作风正派，生活俭朴”，推崇他是“一位受人们尊敬的爱国民主人士”。追悼会后，陈绍宽骨灰迁往闽侯尚干祥谦陵园中的临时革命公墓，1986年移至福州文林山革命陵园，1993年3月3日从文林山革命陵园迁出，送往胪雷安葬。

陈绍宽骨灰安葬悼念会，会场悬挂两副挽联：“一生为国廉明从政，两袖清风勤俭持家”；“砥柱中流永垂史册，政声万里共庆安澜”。案桌上安放着陈绍宽的骨灰盒，案前摆放着中共福建省委、省人大、省政府、省政协敬献的花圈。彭冲、叶飞、杨成武、项南、邓兆祥等领导也送来花圈。大厅、天井和前厅，还摆满了福州市各界及陈绍宽亲属、台湾亲友等送来的花圈。骨灰安葬仪式举行的前几天，陈绍宽在海内外的亲属和故旧就早早来到福州，在台湾的胪雷旅台宗亲会特派一个代表团回乡参加

坐落于四川大邑安仁古镇的中国壮士广场树立着215位抗战风云人物的塑像，陈绍宽将军巍立其中

1994年海潮出版社出版由南京海军指挥学院海军史研究专家高晓星编撰的《陈绍宽文集》一书，编入陈绍宽论文、讲演词、信函、电报等180余篇，从五个方面反映了陈绍宽的爱国主义海权思想：放眼世界发展大势，呼吁中国重视海权；增强海防实力，维护海洋权益；全面开拓海洋，强化海防实力；瞄准世界先进水平，立足本国现有条件；以弱抗强，积极防御。这是发展中国海军、保卫中国海洋的理论计划书，是爱国主义思想教育的范本。今天，我们要牢记“背海而亡、向海而兴”的历史教训，建立海陆统筹、和谐发展的现代中国海洋战略，为实现中华民族的伟大复兴而奋斗。

2015年9月1日上午，在纪念抗战胜利70年之际，陈绍宽将军的英名被永久镌刻在故乡福州三山陵园内的抗日志士纪念墙上。祖国不会忘记，历史和人民自当永久铭记：在百年崛起、浴火重生的民族复兴征程上，中国近代海军功勋卓著的领军人陈绍宽将军。

福州三山陵园内的福州抗日志士纪念墙，陈绍宽名列其中

附录

附录一：陈绍宽年谱[1]

1889年　10月8日出生于福建省闽侯县（今属福州市仓山区）胪雷村，谱名必谨，字厚甫。其父陈兆雄，亦名伊黎，谱名世盘。

1898年　入私塾启蒙。

1903年　入学福州格致书院。

1905年　入江南水师学堂第六届驾驶班学习。

1908年　江南水师学堂毕业，被派往“通济”舰见习。

1909年　进京部试，名列一等，授为协军校。在故乡与同乡潘墩村人潘樨慰成婚。

1911年　任“联鲸”炮舰驾驶二副兼教习，升海军副军校，后改授职五品衔把总，任驾驶大副。10月10日武昌起义爆发后，随“联鲸”炮舰易帜起义。

1912年　任北洋政府海军“镜清”练习舰粮饷大副兼驾驶大副。因驾舰回福州奔母丧，不请人领航，而安抵目的地，轰动当年海军界。

1913年　年初调任“江亨”舰副长，2月25日授海军上尉军衔。6月调任“肇和”舰驾驶大副，9月调任“应瑞”舰航海正，11月充任“湖鹏”鱼雷艇艇长。11月12日调任海军总司令处副官。同年丧妻。

1914年　5月26日海军总司令处改为海军总司令部，陈绍宽任副官，升海军少校。

1915年　12月6日凌晨在“应瑞”舰当值，指挥夺回“肇和”舰。12月15日破格由少校副官擢升“肇和”舰上校代理舰长。

1916年　1月1日，获“三等文虎章”。11月12日，被派赴欧洲考察。12月9日，获“四等嘉禾章”。前往欧洲。

1　本年谱新中国部分以《福建日报》同期报道为准，同时参照郑玉华编著的《陈绍宽一生》。

1917年　1月11日抵达日本，14日起由东京出发，赴日本海军各重要机关参观，27日离开日本转赴美国。2月5日，抵檀香山，再转往美国本土。2月18日到达华盛顿，21日起赴美国各地考察。3月完成《报告调查日本海军及各重要机关详细情形》。5月1日冒险东渡大西洋，12日安抵英国伦敦。6月5日起参观各处军港、军舰及厂校营栈、飞机工厂。8月完成《英国航空战备》、《英国海军作战计划》、《参观各处情形报告》。10月19日赴各地参观，至11月17日结束。后以驻英大使馆武官身份随英国海军参与对德作战，得到英国海军当局的赏识，11月完成《潜水艇报告》。

1918年　1月7日，获“三等嘉禾章”。本月奉命在英国调查潜艇、飞机战时使用情况，完成《航空报告》。2月间由英赴法参观海军战备，另考察意大利海军，4月30日返回伦敦。5月2日入英国海军潜艇队考察潜艇根据地设备，并随潜艇出海操演巡弋。8月8日，被北京政府授予海军中校军衔。8月22日任北京政府驻英公使馆海军正武官兼海军留学生监督。10月18日获“三等嘉禾章”。

1919年　2月24日，出任巴黎和会中国代表团海军专门委员。6月24日，作为中国海军代表出席在伦敦举行的万国海路会议。10月，奉命回国，任“通济”练习舰舰长。完成《报告英国最近之海军政策》、《英国海军舰艇船坞报告书》、《报告英美日各国扩张军舰并条陈我国海军规划》。

1920年　1月1日，获“五等嘉禾章”，晋授海军上校。

1921年　其父陈兆雄主持兴建胪雷故居。

1922年　7月8日代理海军总司令公署参谋长。11月，获英国女王颁发的欧战“特别劳绩勋章”。

1923年　1月19日，调署“应瑞”舰长。8月，在攻打厦门战役中表现英勇，传扬一时。10月10日北京政府大总统曹锟授予“二等文虎章”。12月27日，在汕头附近洋面截回温树德裹挟北上之原护法舰队“豫章”炮舰。

1924年　2月1日，因在汕头收回“豫章”舰而获嘉奖。2月8日，任海军总司令公署参谋长。5月5日被授予为海军少将。

1925年　2月11日，任“应瑞”巡洋舰舰长。

1926年　9月18日升任第二舰队司令。

1927年　3月14日，海军总司令杨树庄正式宣布与革命军合作，通电率领第一、第二舰队和练习舰队所属44艘舰艇易帜，加入国民革命军。4月10日，督率第二舰队截击由泰兴潜渡过江的孙传芳部两团，并将其全部歼灭。7月6日，被南京国民政府特任为军事委员会委员。7月26日起协助国民革命军，参加龙潭战役。9月获国民政府传令嘉奖。

1928年 2月11日任湘鄂临时政务委员会委员。11月27日晋升中将。12月5日兼任国民政府军政部海军署署长。同月在《海军期刊》第1卷第7期上发表《世界上有不要海军的国家么》、《条陈扩充海军呈文》。

1929年 3月，“蒋桂战争”爆发，奉命率第二舰队“楚有”、“咸宁”舰参战。4月，被任命为湘鄂政务委员会委员和湖南省政府委员，并被授予“中流砥柱”大勋旗。6月1日海军部正式成立，因部长杨树庄兼任福建省政府主席，由次长陈绍宽代理部务。11月在《海军期刊》第2卷第5期发表《一年来海军工作之实纪及训政时期之规划》。

1930年 1月1日，获“二等宝鼎勋章”。3月在《革命的海军》第6期发表《关于本军之谈话》。10月16日，英国政府因陈绍宽在第一次世界大战参战有功，特赠欧战纪念勋章一枚。12月31日，兼任海军江南造船所所长。

1931年 1月1日获“一等宝鼎勋章”。1月16日乘“普安”舰到马尾，转道回胪雷营葬其父。1月18日往马尾考察要港司令部、海军学校、马尾造船所等处，后乘“永绩”舰往象山。2月21日在中央无线电广播电台发表演讲《海政关系国防》。12月30日，杨树庄辞去海军部部长之职，陈绍宽继任。

1932年 1月1日，正式就任海军部部长，同时任军事委员会委员。1月16日，被授予“海陆空甲种一等奖章”。1月26日，被南京国民政府授予海军上将。

1934年 7月12日在庐山军训团发表《海战》演讲，载《海军杂志》第7卷第1、2期。

1935年 5月17日，免江南造船所所长之兼职。9月6日，被授予海军上将，叙为一级。11月22日，当选为国民党第五届中央执行委员。

1936年 1月1日，获授“二等云麾勋章”。在《东方杂志》第33卷第1号上发表《对于国防上之感想》。7月9日，因“翊赞国民革命有功”，获颁“国民革命军誓师10周年纪念勋章”。7月13日，担任国防会议委员。8月，在《教育与国防》第1卷第1期上发表《海军与国防之关系》。12月13日任军事委员会常务委员。

1937年　3月26日，获授“二等采玉勋章”。4月，赴美参加英王乔治六世加冕典礼。期间考察欧洲海军，向德国订购舰艇装备。“七七事变”爆发后立即回国主持海军抗战。8月11日，奉蒋介石指示迅速将现有的31艘军舰和征用的轮船，开往江阴水道构筑堵塞封锁线。9月，在上海设立海军水雷制造处。9月起组建海军乍浦、金山卫、常熟福山、洞庭、太湖区、鄂赣区、江阴区、镇江区炮队。11月，率海军总司令部撤往武汉，在马当构筑第二道阻塞线。

1938年　1月，国民政府行政院改组，海军部被裁撤并入军政部，陈绍宽任军政部海军署署长、军事委员会委员、海军总司令。海军总司令部迁汉口。1月起组建海军马当区、武汉区、田家镇区、葛店、闽口红山、温州等炮队。1月31日，将余舰重新编队，组成两个舰队。2月1日，将失舰官兵组成海军特务队，继续投入抗战。2月起组建海军瓯江、葛店、九江、赣江布雷队。10月，武汉陷落后撤往长沙，负责封锁湘阴阻塞线，重组海军洞庭区炮队。指令福州海军学校迁贵州桐梓。

1939年　1月，海军总司令部撤至重庆。2月，任国民政府国防最高委员会委员。3月，组建川江炮台，扼守入川航道。6月，组建海军布雷队。7月发表《海军抗战记事》。12月，组建海军游击漂雷队。

1940年　2月，组建海军长江中游布雷游击队。4月，组建海军浔鄂区（洞庭湖）布雷游击队。当月在《整建月刊》创刊号上发表《海军抗战工作之回顾与前瞻》。7月，在《军事杂志》第126期发表《抗战三年来海军工作之检讨及今后发展之方针》。9月，组建海军川江漂雷队。11月在《海军整建月刊》第1卷第7、8期合刊上发表《纪念伟大的“九二三”》。12月28日，被国民政府军事委员会授予“光华甲种一等奖章”。

1941年　2月在《海军整建月刊》第1卷第11期发表《廿九年一年间海军战绩之检讨》。3月，与陈策暨军政界20人联署《遵照总理国防计划发展海军建设案》。当月，蒋介石亲发手令，认同海军在长江“采用游击布雷截断敌人水上交通，消耗敌人物资力量”，是“较任何武器均有过之而无不及”的正确方略，并指示沿江各战区长官“转饬（陆军）部队，对于布雷人员须特别保护”。4月，在《海军建设》第2卷第1期发表《海军之建设》。7月在

《军事杂志》第136期发表《海军第四周年中抗战工作之检讨及今后制敌策略之推进》。9月，重组海军布雷总队，下设第一、二、三、四布雷总队，负责敌前和敌后的战区水域航道布雷封锁。10月下旬起，到抗日前线视察海军部队，历时两个月。

1942年　1月，组织海军湘阴布雷大队协力陆军取得第三次长沙会战的大捷。6月2日在中央训练团第二十期党政训练班作《海军讲话》，后发表于《海军杂志》第15卷第2期。

1943年　5月，在《海军杂志》第15卷第11期发表《如何建设中国之海上国防》。6月，领导海军石牌要塞守军，协助陆军取得石牌保卫战主战场的彻底胜利。当月，在《海军杂志》第15卷第12期发表《海军建设关系之重要》。7月，在《海军杂志》第16卷第1期发表《抗战六年来的海军》。11月23日，代表海军部再次提出海军建设的规划。

1944年　7月，在《海军杂志》第17卷第1期发表《怎样建设中国海军》。10月，在《海军杂志》第17卷第5期发表《论中国海军建设》。冬，发表《中国海军与国民革命》。

1945年　年初，提出《海军司令部中心工作计划》、《海军整编计划》、《海军分防计划》、《海军学习暨练营调整计划》、《海军器材补充计划》，至8月定稿。4月25日，随宋子文赴美国纽约参加联合国制宪会议，任中国代表团海军顾问。陈绍宽此行对中国共产党和民主党派有所接触，对他们的政治主张有了更进一步的了解，更坚定了反对内战的信念。5月19日，当选为国民党第六届中央执行委员。8月15日，日本宣布无条件投降，陈绍宽日夜兼程自欧洲返国，准备海军受降事宜，并准备重新整顿他领导了十多年的中国海军。9月1日，蒋介石在军政部下设海军处，任命军政部长陈诚兼任处长，试图架空陈绍宽和海军总司令部的权力。9月9日，奉命与何应钦等人在南京接受日军代表冈村宁次的投降。10月10日，被授予“抗战胜利勋章”。11月，在《海军杂志》第18卷第5期发表《海军建设在建国中之重要性》，提出“没有国防就没有国家……建国就是要先建立国防”，同时阐述“务须皆以能够自造为依归”。12月26日因陈绍宽反对内战，拒不执行蒋介石封锁渤海湾的命令，蒋介石下令免去陈绍宽海军总司令职务。12月31日，海军总司令部被撤销。

1946年　1月31日离开南京，2月5日回福州隐居。虽然国民党政府仍给他军事委员会委员、国民政府战略顾问委员会委员的虚衔，但他从未就职。

1947年　5月10日，被聘为总统府战略顾问委员会委员，默然处之，拒不接受蒋介石派人送来的钱。

1949年　7月，蒋介石派福州绥靖公署主任、福建省主席朱绍良请陈绍宽赴台湾“共襄国是”，陈誓死相拒，影响并带动一批闽籍原海军官佐留守大陆，参加新中国建设。8月17日福州解放，陈绍宽与萨镇冰立即通电公开拒绝蒋介石的赴台电召，拥护中国共产党领导的新政权。

1950年　1月22日抵沪参加华东军政委员会会议。2月，任华东军政委员会委员，任至1954年。10月，任福建省人民政府委员会副主席。11月，任中国人民保卫世界和平委员会福建分会主席、中苏友好协会福建分会副会长。

1951年　4月，任福建省人民政府土地改革委员会委员。8月，任中国国民党革命委员会福建省分部筹备委员会常务委员。11月，任中国政治协商会议第一届全国委员会委员、福建省文化古物保管委员会委员、福建省人民政府人民监察委员会委员。12月16日向省市领导干部传达第二届国庆观礼和全国政协第三次会议及华东军政委员会第四次全体委员会议精神。

1952年　2月，与丁超五领衔组织开展工商界“五反”运动，稳定新中国初建时期福建省的市场、社会和经济。4月，任福建省人民政府保密委员会主任委员。

1953年　1月，任华东行政委员会委员。冬，前往东山岛慰问东山岛保卫战的守军官兵。

1954年　2月，任全国人民慰问解放军代表团第四总分团第五分团副团长。8月，当选第一届全国人民代表大会代表。9月，出席第一届全国人民代表大会第一次会议，参加大会主席团，被选为国防委员会委员。

1955年　2月，经福建省首届人民代表大会第二次会议选举为副省长，分管文教，但对经济工作也十分关心。4月4日至10日，代表省人民委员会在全省归侨侨眷代表会议上致辞，总结侨务工作，确定今后任务。6月9日为南平水南大桥通车剪彩。7月，出任各国议会联盟中国人民代表团代表。11月22日与其他在闽的全国人大代表、政协委员开始在省内视察工作。

1956年　3月1日，为古田水电站首期工程建设完工、正式向福州送电剪彩。当月被选为中国国民党革命委员会第三届中央委员会副主席。4月7日，增选为省政协副主席。当月任福建省扫除文盲协会会长。5月下旬至6月中旬视察全省各地。6月16日赴京参加第一届全国人民代表大会第三次会议，担任大会主席团成员。7月4日在京参加中共和各民主党派长期共存、互相监督座谈会。8月6日在省政协第十五次常务委员会议上做上半年视察情况汇报。8月13日在省扫除文盲积极分子代表大会上做重要指示。9月6日，参加全省专员、市长、县长会议，研究解决当时工作中的主要问题。18日代表省人民委员会参加省民兵积极分子代表会议，激励全省民兵配合巩固国防、维护治安、积极参加生产建设。10月21日，与福建省政协副主席刘通、李述中分赴闽东、闽西、闽南视察政协工作。11月27日，率福建省人民慰问团慰问修筑鹰厦铁路、南福铁路的铁道兵部队和工人，还亲往南平九二医院看望伤病员。

1957年　2月，患肺炎，生命垂危，经福建省立医院精心治疗转危为安。5月16日参加福建省第一届人民代表大会第四次会议，担任大会主席团成员。6月26日参加全国人大第一届第四次会议，担任大会主席团成员。

1958年　1月，省爱国卫生运动委员会改由叶飞任主任，陈绍宽和魏金水任副主任。2月，担任福建省各界人民春节慰问团总团长，慰问第一线将士。5月20日为福建造纸工业的重要基地南平造纸厂开工典礼剪彩。8月下旬，前往慰问空军，慰问活动一直持续到10月上旬。10月底，陪同最高人民检察院检察长张鼎丞视察闽中。12月，被选为中国国民党革命委员会第四届中央委员会副主席。12月7日，福建省红十字会成立，担任红十字会委员会主任委员，为福建省迅速控制鼠疫、天花、霍乱三大传染病和弘扬中医药做出贡献。

1959年　1月1日为福州至南昌铁路正式通车剪彩。2月4日，当选第二届全国人民代表大会代表、福建省副省长、政协第二届福建省委员会副主席，并向省政协大会做上届政协工作报告。3月，遵照全国人大常委会指示，偕尤扬祖、覃修典副省长，先后视察福州、莆田、厦门、漳州、龙海、龙岩、永安、三明、南平等地。4月，出席第二届全国人大第一次会议，参加大会主席团，当选国防委员会委员。7月，随张鼎丞检察长访问东北三省。11月7日，为福建省第一个基础化学工业基地——福州第二化工厂首期工程提前建成试车剪彩。11月21日赴厦门参加福建省工农教育积极分子代表大会，致开幕词。下旬受福建省人民委员会委托，到南平迎接全国人大常委会委员蔡廷锴视察古田、福州、泉州、厦门、漳州，后延至汕头、海南。

1960年 3月2日代表省人民委员会出席中国科学院福建分院成立大会。同月先后视察福州、永泰、三明、漳州暨潘洛铁矿、大坑煤矿。4月率团出访苏联。秋，赴京开会，应中国新闻社约，撰《前进中的福建》，指出："福建落后的经济面貌和社会面貌，正在发生深刻的变化。"同年，福建省政府拨款7万元，修缮陈绍宽胪雷故居。

1961年 2月至3月，随张鼎丞检察长视察闽侯、晋江、厦门、漳州、云霄、东山。8月参加全国人大代表团，出访印尼、缅甸。9月，受全国政协邀请赴京参加纪念辛亥革命五十周年活动。回省后作《参加纪念辛亥革命五十周年大会的报告》。10月，视察福州市及郊区。12月11日，省人民委员会和省政协举行联席会议，听取陈绍宽视察福州报告。

1962年 1月，遵照全国人大常委会指示，先后在福州、莆田、晋江、厦门、漳州、龙海、云霄等地视察。3月，出席全国政协三届三次会议和全国人大二届三次会议，参加人大主席团。7月30日主持省人民委员会第十次全体会议，通过一批人事任免。12月11日在省政协二届二次全体会议上作常委会工作报告。12月14日在省人大二届二次会议上致开幕词。

1963年 3月7日代表省人民委员会出席全省第三次妇女代表大会并致祝词。4月，因病赴沪医治，诊断为冠状动脉粥样硬化。5月14日出席省手工业社员代表大会。5月21日出席省人民委员会第十七次会议，审议1963年全省国民经济计划。7月27日代表省人民委员会出席全省中学生田径运动会开幕式并讲话。10月，遵照全国人大常委会指示，在福州工农业13个单位视察。10月24日主持省政协二届三次会议，25日作常委会工作报告。11月出席全国人大二届四次会议，参加大会主席团。

1964年 2月29日，参加历时一周的全省农业先进代表会议，参加大会主席团。当月，当选第三届福建省人民代表大会代表。4月29日主持省政协第十八次常委会。5月11日参加为期13天的全省公交系统先进代表会议，参加大会主席团。9月中旬，当选第三届福建省人民委员会委员、福建省副省长，第三届全国人民代表大会代表，政协第三届福建省委员会副主席，并在省政协三届一次全会上作常委会工作报告。10月，赴闽东、闽北、闽西13个县市考察。12月，出席第三届全国人大一次会议，参加大会主席团。

1965年　1月，在第三届全国人大一次会议上当选为国防委员会委员。5月1日与叶飞等领导深入福州通用机器厂，和职工一起欢度节日。6月15日参加全省半农半读教育会议。10月24日全国政协常委会为翌年隆重纪念孙中山诞辰百年成立筹委会，陈绍宽任委员。

1966年　3月8日出席全国农村科学实验运动经验交流会。4月10日出席全国职工业余教育经验交流会。4月中旬起赴杭州、南昌、井冈山、景德镇、庐山、韶山冲、西安、延安、乌鲁木齐、克拉玛依、伊犁等地参访。6月中旬进华东医院检查治疗冠心病。27日离沪回闽。

1967年　冠心病复发，入住省立医院。痊愈后仍回“宁庄”寓居。

1969年　3月，被确诊患胃癌。7月30日去世。

附录二：陈绍宽相关物件

一、陈绍宽手迹

（一）信札

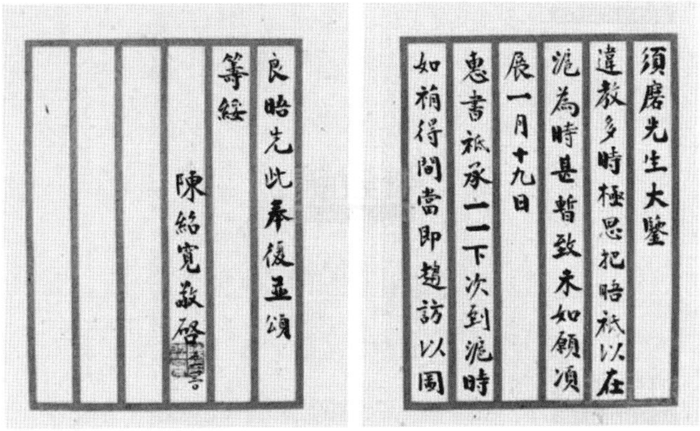
須磨先生大鑒
違教多時極思把晤祇以在
滬為時甚暫致未如願頃
展一月十九日
惠書祇承一一下次到滬時
如稍得閒當即趨訪以圖
良晤先此奉復並頌
籌綏
陳紹寬敬啓

1934年陈绍宽信札一通

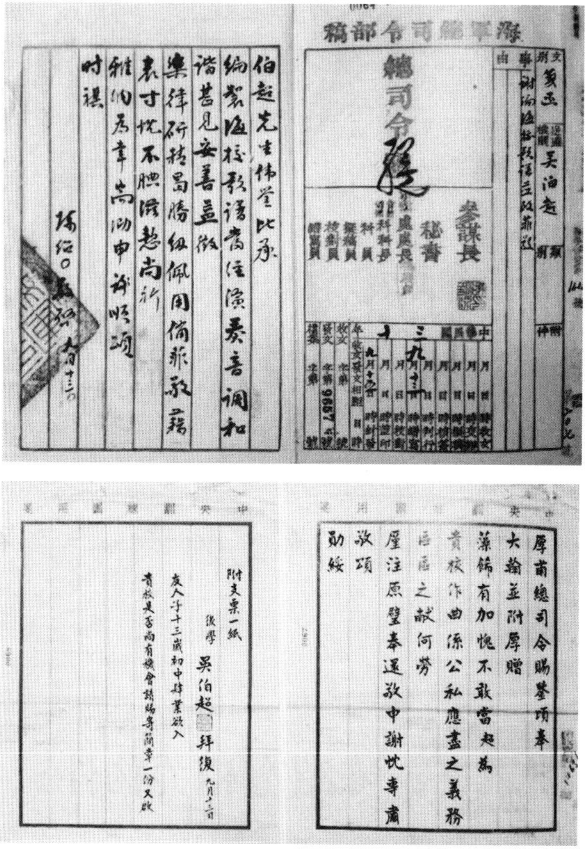

1941年陈绍宽与重庆国立音乐学院院长吴伯超关于海军学校校歌的往来信函

（二）公函、文件

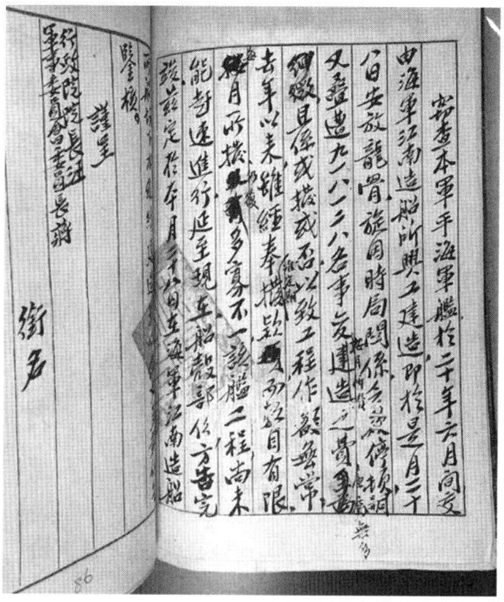

1935年9月“平海”舰将举行下水仪式的函

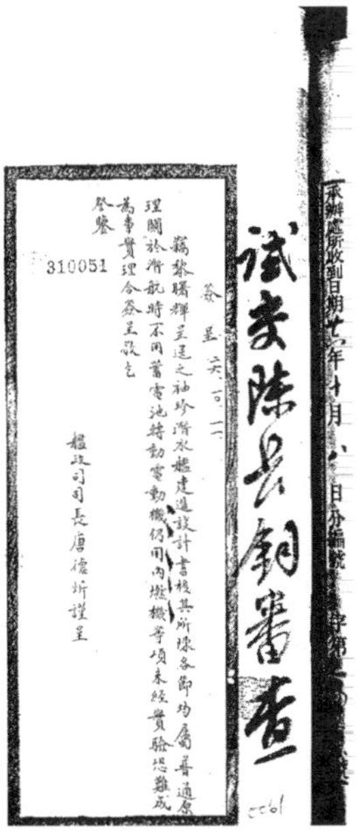

1937年陈绍宽批转交陈长钧审查的海军部文件

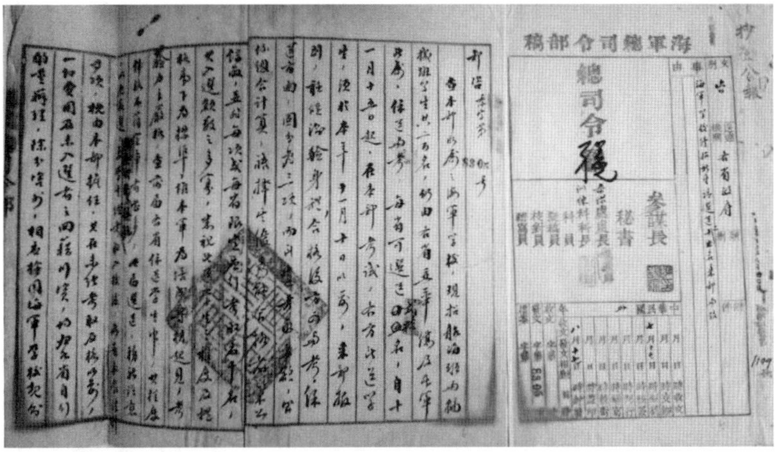

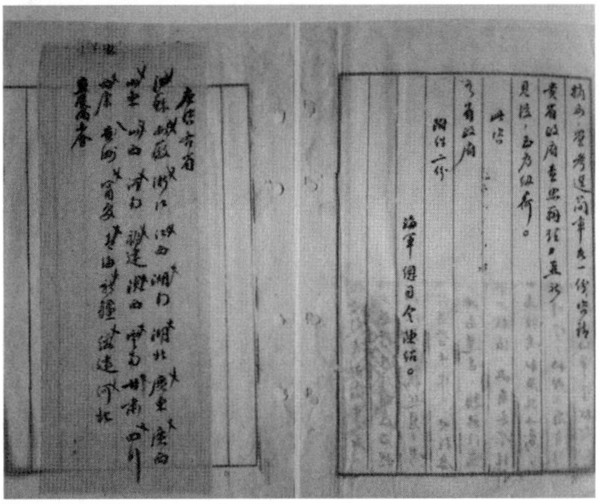

1941年陈绍宽关于海军学校秋招的公函

（三）题词、书法

1928年4月陈绍宽为《海军期刊》题词

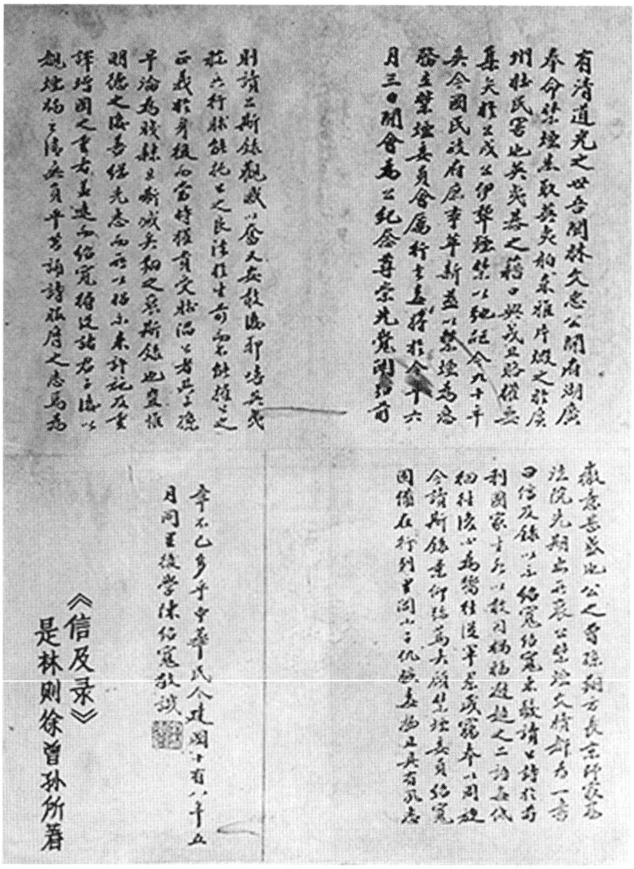

1929年5月，陈绍宽为林则徐曾孙林翔所著《信及录》题撰序言，宣传禁烟

1932年陈绍宽为《海军期刊》第4卷第7期题写刊名

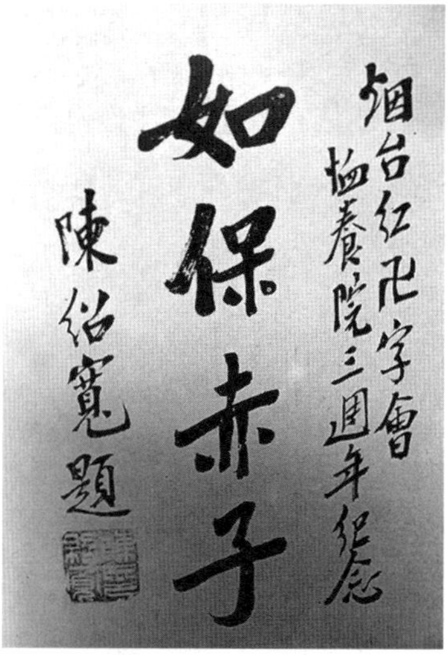

陈绍宽为烟台红十字会恤养院题词

陈绍宽为海军部成立纪念特刊题写刊名

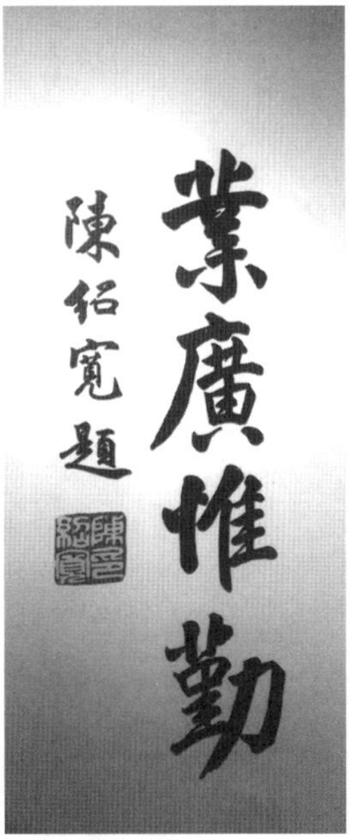

陈绍宽为私立勤工初级机械科职业学校题词

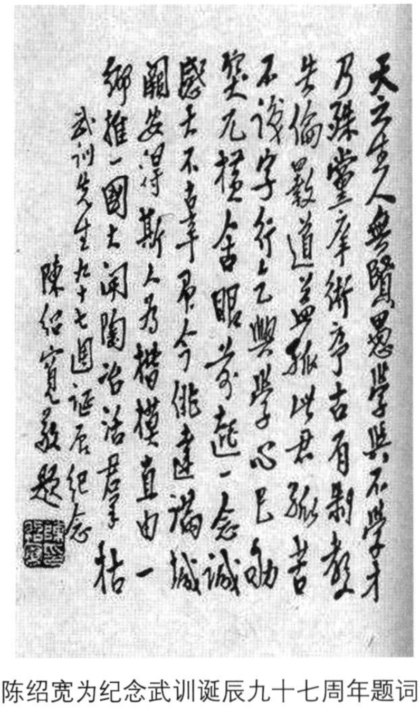

陈绍宽为纪念武训诞辰九十七周年题词

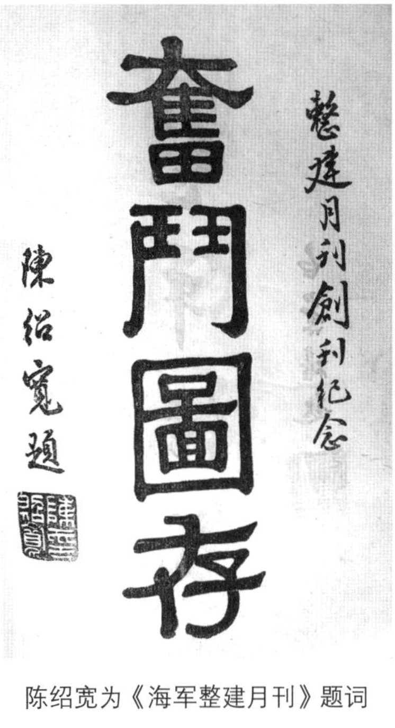

陈绍宽为《海军整建月刊》题词

1944年陈绍宽手书“三十六计”

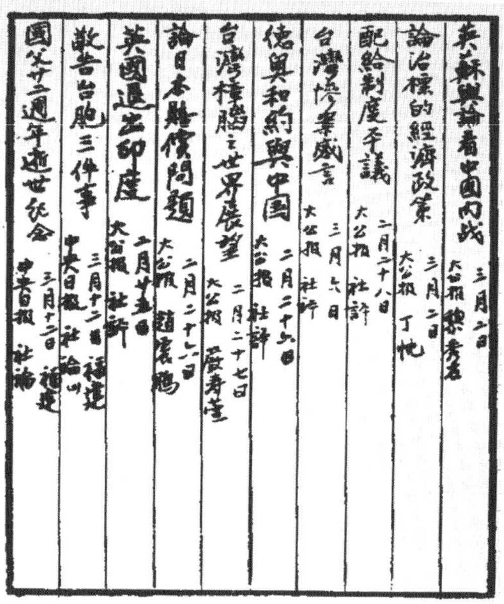
英蘇輿論看中國內戰 三月二日 大公報
論治標的經濟政策 三月二日 大公報
配給制度平議 二月二十八日 大公報
台灣慘案感言 三月六日 大公報
德奧和約與中國 二月二十六日 大公報
台灣標牓之世界展望 二月二十七日 大公報
論日本賠償問題 二月二十八日 大公報
英國退出印度 大公報
敬告台胞三件事 三月十二日 中央日報
國父廿二週年逝世紀念 三月十二日 中央日報

1947年陈绍宽居家时写的读报笔记

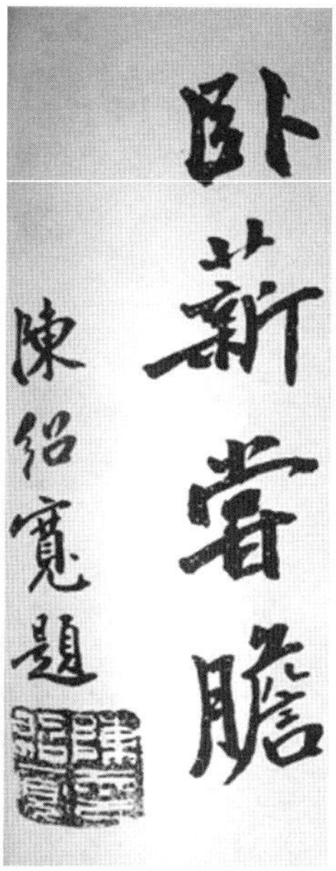

陈绍宽题“卧薪尝胆”

陈绍宽为新加坡福州会馆题词

陈绍宽为佛慈大药厂题词

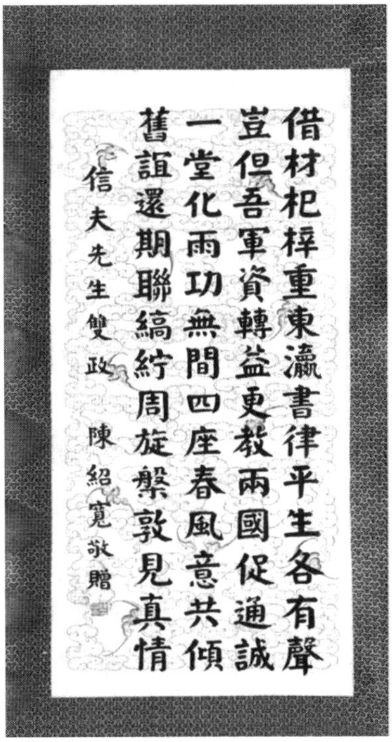

陈绍宽赠信夫淳平诗

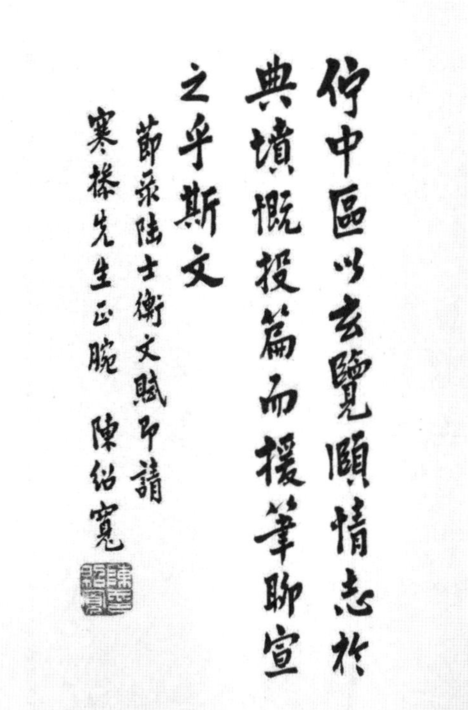

陈绍宽赠梁寒操

陈绍宽节录《老子》第八章赠余伯泉

（四）印鉴

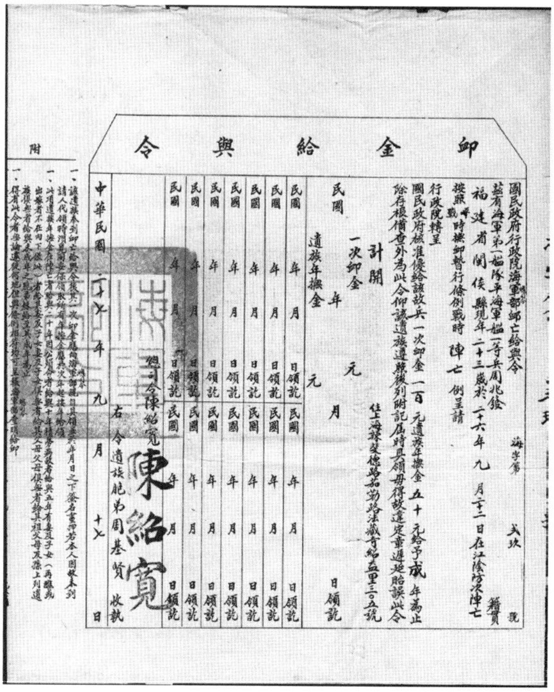

1938年陈绍宽签发的抚恤令

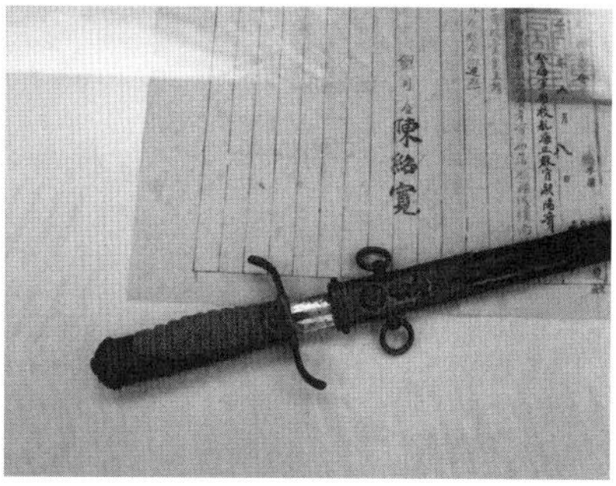

1942年陈绍宽签发的欧阳宝的委任状

陈绍宽1941年7月7日在重庆使用的支票

二、书画印章

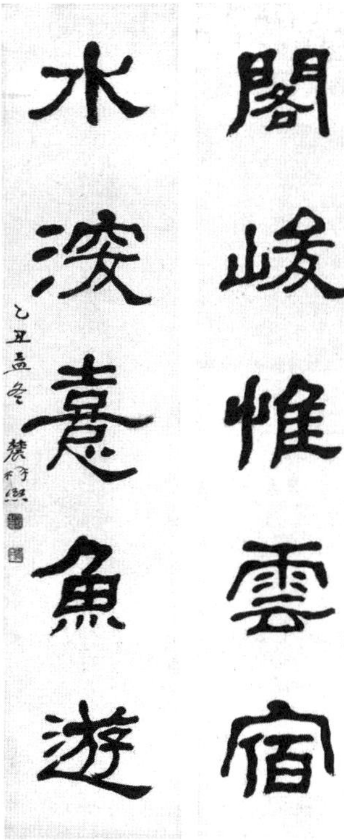

曾熙赠陈绍宽联

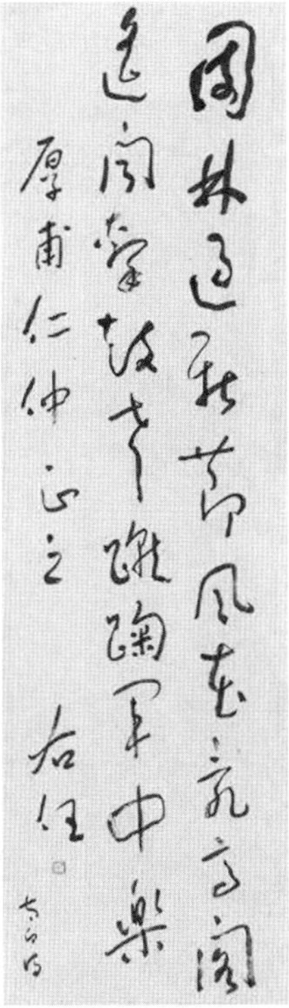

于右任书赠陈绍宽

国画大师齐白石于1937年赠给陈绍宽将军的佳作

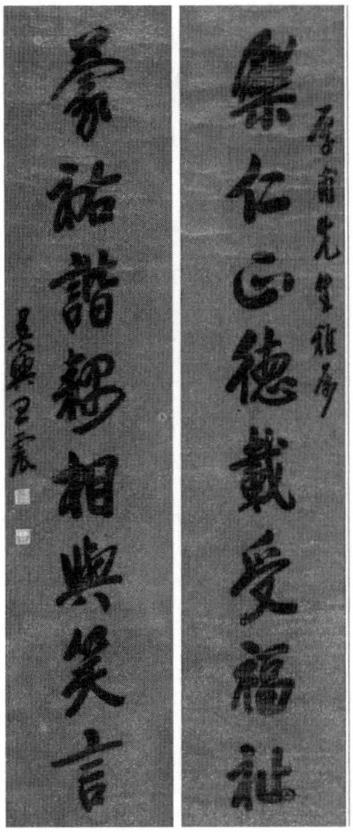

上海实业家、著名书画家王震书赠陈绍宽楹联

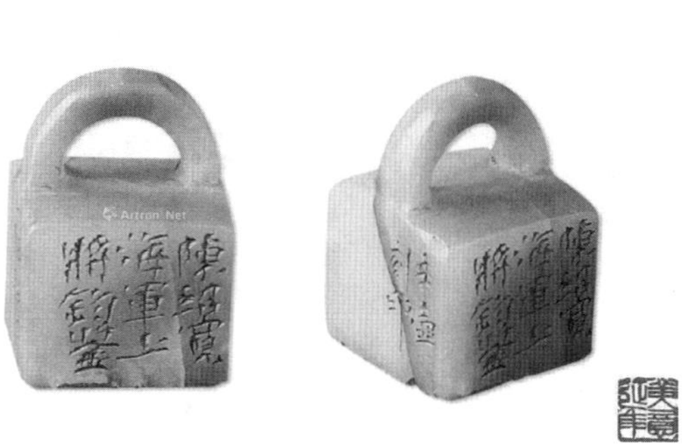

楼辛壶为陈绍宽刻所刻闲章一枚

三、题词

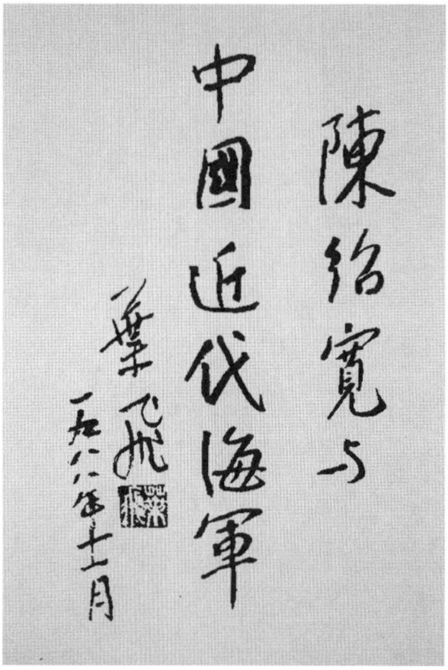

全国人大常委会副委员长叶飞题写有关陈绍宽的书名

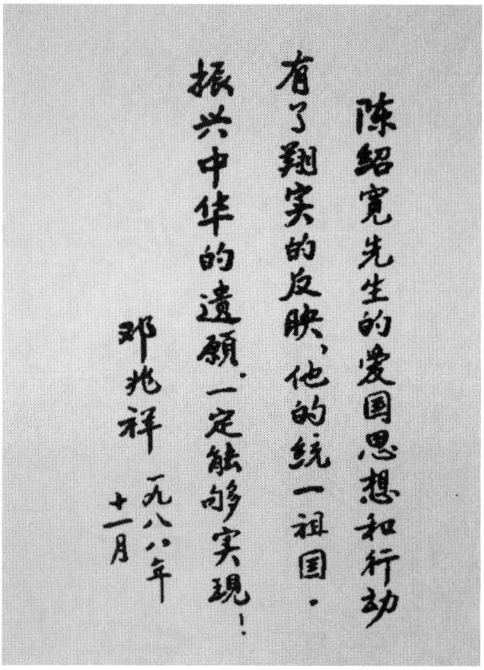

全国政协副主席邓兆祥题词

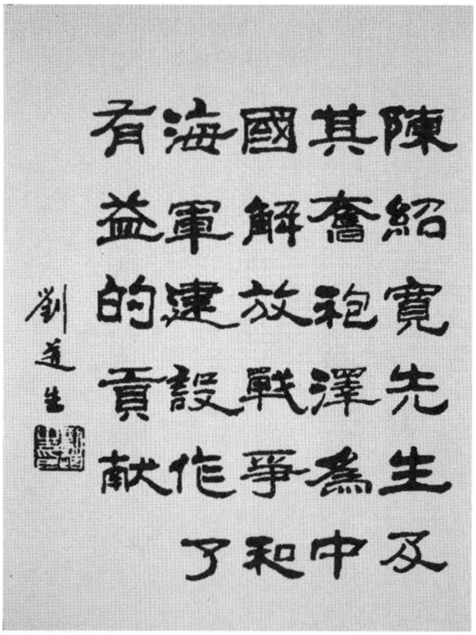

海军副政委刘道生题词

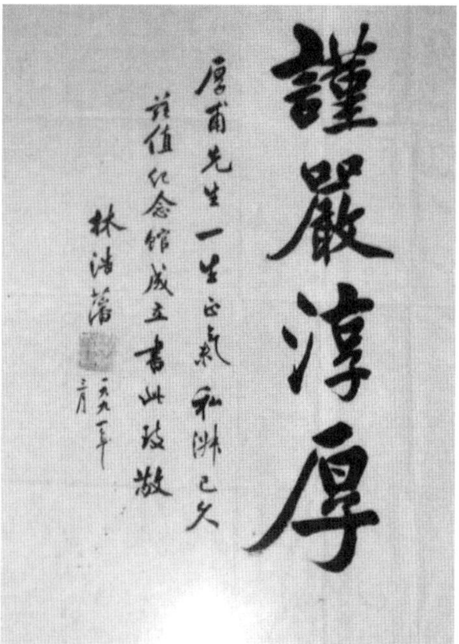

民革福建省委会副主委林浩藩题字

四、祭文

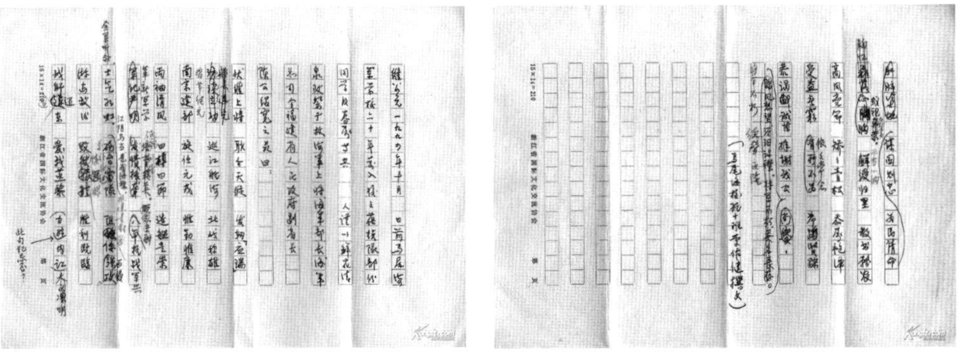

毕业于马尾海军学校航十班的李作健为陈绍宽所作祭文

五、邮品

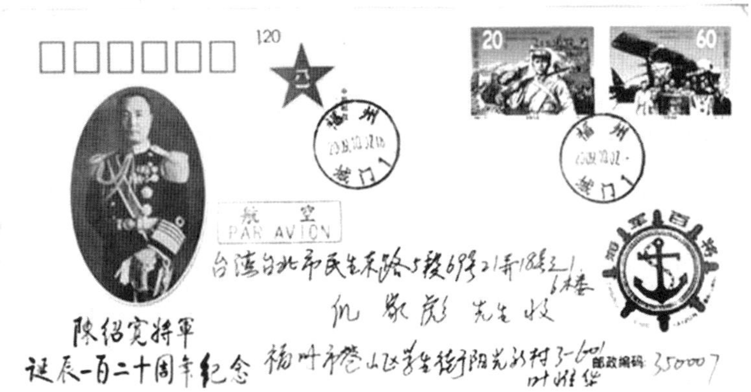

附录三：陈绍宽故居

陈绍宽故居

位于福州市仓山区城门镇胪雷村东南端的陈绍宽故居，由其父陈兆雄于1921年4月主持兴建，1923年建成。之前，陈绍宽被派赴欧洲考察，其间参加英国海军对德作战，由于英勇善战，获英国政府颁发的“特别劳绩勋章”和奖金，连同驻外工资、津贴，堪有积蓄。回国后，节俭的陈绍宽把这笔钱交给其父，其父又从其他亲戚兄弟处（主要是其胞弟陈兆汉处）得到一部分资助，盖起这栋寓所。而西花园则是在陈绍宽的五弟陈绍香手里逐步建成的。

故居坐北朝南，门前有埕，正面为土木结构的风火墙建筑形式。有门楼、披榭、天井、厅堂、卧室、后院、厨房等三厅二十四间，占地面积754平

故居天井

方米。地面全以条块花岗石铺砌。门窗雕工精致，以“周公六行”、“管子四维”、“世守共和”、“家传孝友”等斜条排字。门楼柱上书写对联两副：“海阔天高气象，风光月霁襟怀”；“复礼归仁端克己，移风易俗为行方”。厅堂悬挂两联：“有容乃大，无欲则刚”；“养天地正气，法古

故居花园

今完人”。

故居西侧有一座占地面积4143平方米的花园，园中有鱼池、凉亭、半月形荷花池。有说：日形的鱼池象征大海，半月形的荷花池象征军港，四周环水的亭子象征指挥塔，相连的水道象征江河，是主人职业的再现。园内种有香樟、翠柏、白玉兰等，还有荔枝、龙眼、番石榴等果树，最多的还是各种各样的花卉。

故居门前不远处有一条清澈的小河流过，故居花园内的鱼池以及凉亭周围的水与这条小河是连在一起的，在花园内也能感受到闽江的潮起潮落。花园的围墙原来是用竹篱笆围起来的，顺着竹篱笆又种了一人多高的灌木丛。

陈绍宽在担任海军部长期间，每次因军务返闽，公余必回乡拜谒父墓。回乡时不着戎装，身穿长衫布鞋，从马尾乘小船到峡北，然后步行回到故居短住。这时许多乡亲会前来拜访，多是诉说生活的困难和艰辛，以求资助。他总是尽力相助，只是随身携带的银圆有限，只能先资助一部分人，回南京后立即寄回银圆，吩咐弟媳妇分发给他答应过资助的人。

1949年12月，陈绍宽应邀出山后，先是在福州二侄女家住了近一个月，

“宁庄”

后搬到北门“半野轩”，1953年搬到位于福州乌山路的“宁庄”居住，直至1969年病逝。陈绍宽喜爱兰花，亲手在寓所院内种植了许多品种的兰花，有300多盆，还有仙人掌200多盆 。朱德、郭沫若来福州，都到“宁庄”拜访陈老，观赏他栽培的花卉。

陈绍宽搬到“宁庄”后，对故居仍十分关心，几乎每个周日都要回到故居，时常带些花卉回来。每当荔枝成熟时，他便摘下当天带露水的荔枝，请友人到故居的荔枝树下或厅堂里品尝，被人称为“荔枝宴”。张鼎丞和叶飞曾多次应邀参加。

1960年福建省人民政府拨款7万元重修故居，陈绍宽感动之至，一再对亲友说要把故居捐给国家，嘱咐亲友不要再入住。1969年7月陈绍宽逝世后，胪雷故居由胪雷村委会（胪雷大队）作为办公场所达40年之久（2009年搬出）。1986年陈绍宽故居被列为福州市郊区文物保护单位。

2008年，因福州火车南站建设，福州市有关部门曾计划将陈绍宽故居搬迁到福州南湖公园。在各方呼吁下，为保护故居，福州市政府于2010年5月做出叫停搬迁的决定，并计划修复陈绍宽故居。2012年8月，以福州市文物管理

修复后的故居

局为业主单位，有关部门拨款460万元，经招投标，对故居进行全面修缮。

工程于2013年5月底完工。经过7个多月的修复，修葺一新的陈绍宽故居，出现在福州火车南站西广场南端。此次对故居主座和主座西侧花园进行全面修缮：主体建筑、八角亭等瓦屋面进行全面翻修，重新粉刷内外墙，墙帽也重新用乌烟麻布灰抹面；围墙裂缝进行了灌浆加固；主体建筑地面重新调平，缺损、缺失的木构件给予更换、修整；园林部分围墙按原样重新砌

2014年10月14日上午，民革中央副主席修福金在民革福建省委会、福州市文物局及福州城门镇等有关领导的陪同下，参观考察了陈绍宽故居

陈绍宽故居是由陈绍宽当年亲自设计的，简朴清幽。再加上陈绍宽挂冠返乡后与书为伴，增加了故居的书卷气。故居外墙漆为海洋蓝，极具海洋特色

故居大厅两侧的防火墙上开凿了两个圆孔，像军舰船舷观测孔

陈绍宽于1946年回故里后改建的卧室，位于故居的东南角。站在卧室朝南的窗前，可以遥望对面山上夫人的墓地。照片上是陈绍宽亲自设计的极其简朴的仿船舱卧室一角，一张宽不及一米，长不过两米的仿军舰卧榻，陪伴他在故居的岁月

故居的大厅，恢复了当年的摆设

陈绍宽会客之处

修复后的后花园

筑，重修了鱼池驳岸。竣工后对外开放。

2015年福州市将陈绍宽故居列为第六批市级文物保护单位。2016年10月福州市再次拨款重修陈绍宽故居，同时要求由福州市博物馆负责在故居布置陈绍宽生平展，2017年5月1日开放展览。2018年，陈绍宽故居获批为福建省第九批省级文物保护单位。

历史会永远铭记这位矢志忠于祖国的海之子。率领海军铁血抗战的陈绍宽将军“是一个时代的精神坐标，是一个国家的宝贵财富”。长期以来，英烈所代表的不怕牺牲、英勇抗敌等爱国主义精神，已熔铸为我们中华民族不容侵犯的精神图腾这是我们民族自信的根！

故居布设了《船政海军的标杆领军——陈绍宽生平展》四个展厅，从投身海军、整军经武、铁血抗战、反对内战、为民出山五个方面，展现了陈绍宽秉承船政精神、爱国为民的一生。图为展厅剪影（陈春强摄）

为布展提供文案和史料照片的社会力量在向展馆解说员介绍照片后的故事

2014年9月13日，纪念沈葆桢保台建台140周年大会及学术研讨会在福州召开。参加会议的两岸嘉宾共有200多人，台湾海军上将叶昌桐亲率台湾海军将军团参加。将军团中，有与叶昌桐同年在抗日烽火中参战的台湾海军中将徐学海、台湾海军少将宋炯，还有海军少将王安怀、吴济时。会议期间，台湾将军团强烈要求瞻仰陈绍宽故居和拜谒陈绍宽墓，因墓道尚未修建，考虑到80多岁的老将军们行走不便，后只安排瞻仰陈绍宽故居。9月16日下午，台湾海军将军团一行一进故居，立即向大厅正中悬挂的陈绍宽像深深三鞠躬致敬

2017年12月9日，民革中央在陈绍宽故居举行“民革党史教育基地”揭牌仪式

一代海军伟人，魂护故土。陈绍宽将军墓园就在故居正对面不远处的丘陵上。2021年3月，为庆祝建党100周年，福建省文物局下发《关于核定公布福建省第一批革命文物名录的通知》（闽文物字〔2021〕92号），公布了福建省第一批不可移动革命文物共1658处，陈绍宽故居与陈绍宽墓位列福州市不可移动革命文物名录中

主要参考文献

一、报纸期刊

1.《海军期刊》、《海军杂志》、《海军公报》、《中国海军》、《新海军》、《海军整建月刊》、《革命的海军》、《时代画报》、《良友》、《北洋画报》

2.《福建日报》、《福建画报》

二、图书

1. 海军总司令部编译处编辑：《海军抗战事迹汇编》，1944年版

2. 杨志本主编：《中华民国海军史料》，海洋出版社1987年版

3. 张墨、程嘉禾著：《中国近代海军史略》，海军出版社1989年版

4. 陈绍宽著，高晓星编：《陈绍宽文集》，海潮出版社1994年版

5. 张晞海、王翔编著：《中国海军之谜》，海洋出版社1999年版

6. 郑玉华编著：《陈绍宽一生》，福建教育出版社2001年版

7. 刘传标编纂：《中国近代海军职官表》，福建人民出版社2004年版

8. 刘传标编纂：《近代中国海军大事编年》，海风出版社2008年版

9. 刘传标编著：《近代中国海军将校》，九州出版社2016年版

10. 刘毅编著：《刘孝鋆和他的海军同袍》，福建人民出版社2016年版

11. 中国航空工业史编修办公室编：《中国航空工业老照片》（1—10），航空工业出版社2011年—2015年版

三、文章

1. 李世甲：《我在旧海军亲历记（一）》，《福建文史资料》第1辑，1962年11月

2. 张天心：《陈绍宽二三事》，《传记文学》1981年6月第38卷第6期

3. 陈懋猷：《对“陈绍宽二三事”一文之补充》，《传记文学》1981年

11月第39卷第5期

4. 周应骢：《陈绍宽与旧中国海军》，《全国文史资料选辑》第85辑，1983年3月

5. 魏振基：《抗日战争时中山舰壮烈牺牲经过》，《福州文史资料选辑》第2辑，1983年12月

6. 程法侃：《陈绍宽在旧中国海军部长任内的业绩回忆》，《福州文史资料选辑》第2辑，1983年12月

7. 王苏波：《中国海军早期制造飞机始末》，《中国科技史料》1983年第4卷第3期

8. 曾贻经：《中国海军马尾船政局制造飞机的回忆》，《航空工业史料》（近代史专辑）第1辑，航空工业部中国航空工业史编辑办公室，1984年

9. 李世甲：《我在旧海军亲历记（续）》，《福建文史资料》第8辑，1984年10月

10. （日）漱名尧彦：《扬子江上的战斗》，《福州文史资料选辑》第4辑，1985年11月

11. 王助：《中国航空研究院简史》，《航空工业史料》（近代史专辑）第2辑，航空工业部中国航空工业史编辑办公室，1985年

12. 巴吟轩、巴钟奇：《巴玉藻生平事迹简介》，《福建文史资料》第15辑，1986年12月

13. 潘祖锵：《民国部分闽籍海军领事略》，《福建文史资料》第15辑，1986年12月

14. 陈公远：《马尾——中国航空器制造的摇篮》，《航空工业史料》（近代史专辑）第4辑，航空工业部中国航空工业史编辑办公室，1986年

15. 林凡、啸华：《厦门受降接收的前前后后》，《漳州文史资料》第9辑，1987年7月

16. 马宣：《马尾船政局首制水上飞机概述》，《航空工业史料》（近代史专辑）第8辑，航空工业部中国航空工业史编辑办公室，1988年

17. 曾贻经：《海军马尾船政局制造飞机的回忆》（补遗），《航空工业史料》（近代史专辑）第9辑，航空工业部中国航空工业史编辑办公室，1989年

18. 魏应麟：《马尾海军学校“寄闽班”的点滴回忆》，《福州文史资料选辑》第12辑，1993年12月

19. 马德润：《波音公司第一架飞机的设计监造者王助事略》，《航天工业通讯》第13辑，台湾久泽出版社，1995年

20. 王翔：《1932年的“弹劾海军案”风潮》，《民国春秋》1997年第4期

21. 张力：《陈绍宽与民国海军》，“中央研究院”近代史研究所、台湾东华大学历史系，2001年

22. 林家禧：《金山卫战役中的海军炮队》，《文史资料存稿选编·军事机构（上）》，中国文史出版社2002年版

23. 马骏杰：《陈绍宽造航母终成一梦》，《环球时报》2006年1月6日

24. 苏小东：《抗战胜利后中国对台澎地区日本海军的接收》，《台湾研究集刊》2006年第 1 期

后　记

陈绍宽是中国近代海军杰出的爱国将领。他从1905年跨入江南水师学堂的大门，到1945年卸任海军总司令，跨越40个春秋，殚精竭虑地为实现“海军强国”梦而努力奋斗。他执掌民国海军17年，把满腔热血倾注到宣传海权思想和维护中国海权的事业之中。尽管当时的社会政治、经济条件十分困难，但是他知难而进，不计个人得失，为建设中国海军，反对列强入侵，捍卫中国海权做出了不可磨灭的贡献。

陈绍宽以人格魅力治军，以清廉刻苦强军，力所能及地维护国家海权。在海军部部长职位上，更为国家造就了大批海军人才，并为之后的抗战锻造出一支“没有海，还有军”的卫国铁军。

陈绍宽的一生始终站在时代潮流的前沿：辛亥革命时期跟随海军起义，参与扭转革命大局；北伐时期投身统一中国大业，成为砥柱中流；尤其在浴血抗战中，亲率中央海军，一路从黄浦江打到川江和湘江，拼完主力战舰后转为守隘布雷，战至最后一刻。他率领的海军是一支坚持抗战的富有凝聚力的军队，他们在特殊的战略要点，谱写了一曲曲悲壮的战歌，发挥出无可替代的特殊作用，是一支特别能战斗的铁军；他们一手将极具战力的日本海军阻绝在石牌要隘和雷阵前，何等壮烈！他们靠的就是我们的“民族精神”，而这正是今天我们用以护卫我们国家和平崛起的“要塞”！

在新旧中国之交，陈绍宽再一次站到了国家的立场上：没有一撤了事，给神州大地留下海军、海权、海防的空白，而是带头选择留在大陆拒往台湾，投身新中国建设。他影响了大批原海军人起义或留守大陆，转而成为新中国建设海军的支柱。中国近代海军史上，永远铭刻着这位领军人留下的浓墨重彩。

以陈绍宽为代表的近代海军，是第一批视野开阔、掌握近代科技知识的新型军人，是近代海军的根基。灾难深重的祖国哺育了他们，他们在成长步入中国近代海军这个重任在肩的行列时，牢记反哺祖国。他们在近代海防建设、捍卫祖国海疆主权方面做出不朽的贡献，对近代中国社会产生了极其重大的影响。

在着手编纂本书时，我们得到了众多人士提供的资料支持和文案帮助，他们分别是：《海俊通讯》主编、原海军人张泽生，陈绍宽将军之侄陈长极，族亲后裔陈春强、陈康渠、陈敏，陈绍宽将军晚年私人秘书潘守正嫡孙潘亮，林发荣，福州晚报社副总编刘琳，福州马江海战纪念馆副馆长、研究馆员朱寿榕，福州海军学校末期海校生林章骐，陈长钧之子陈明光，邓兆祥将军晚年警卫参谋纪墨，贾勤将军族亲后裔贾展云，郭寿生之女郭丹珊，曾国晟之女曾兆慧，叶裕和之女叶湘菡，郑震谦之子郑培生，叶可钰之子叶延华，原北京海军司令部研究委员会王浴滔主任之子王阳、女儿王丹，海军教官邵仑之女邵铮，陈宗孟之子陈铁兵，中国近代海军史研究者陈斌，在此表示深深的谢意与感激。在编纂过程中还得到福建省图书馆、福建师大图书馆、福建船政博物馆的帮助，特此鸣谢！

尽管付出很大努力，但由于我们学力有限，且资料缺乏，书中的缺漏、错误在所难免，望读者给予批评指正。

刘传标、刘毅

2021年3月于福州

图书在版编目（CIP）数据

陈绍宽图史 / 刘传标，刘毅编著. -- 福州 : 福建人民出版社, 2024. 10（2025.10重印）-- ISBN 978-7-211-09429-5

Ⅰ. K827=7

中国国家版本馆CIP数据核字第2024YR8112号

陈绍宽图史

CHENSHAOKUAN TUSHI

编　　著：刘传标　刘　毅
责任编辑：陈稚瑶
责任校对：陈　璟
出版发行：福建人民出版社　　**电　　话**：0591-87533169（发行部）
网　　址：http://www.fjpph.com　　**电子邮箱**：149430129@qq.com
地　　址：福州市东水路76号　　**邮政编码**：350001
经　　销：福建新华发行（集团）有限责任公司
印　　刷：福建新华联合印务集团有限公司
地　　址：福州市晋安区福兴大道42号
电　　话：0591-88208420
开　　本：787毫米×1092毫米　1/16
印　　张：21.25
字　　数：323千字
版　　次：2024年10月第1版　　**印　　次**：2025年10月第2次印刷
书　　号：ISBN 978-7-211-09429-5
定　　价：78.00元

本书如有印装质量问题，影响阅读，请直接向承印厂调换。